Coleção **Legado da Fé**

A imitação
DE CRISTO

Publicações Pão Diário

A imitação
DE CRISTO

por

TOMÁS DE KEMPIS

Editora Geral: Lore Ferguson Wilbert

Originally published in English under the title
Read and reflect with the classics: The Imitation of Christ, by Thomas á Kempis
Copyright © 2017 by B&H Publishing Group
Nashville, TN 37234 U.S.A
Tradução e impressão em português com permissão.
Copyright © 2021 Publicações Pão Diário. Todos os direitos reservados.

Coordenação editorial: Dayse Fontoura
Tradução: Djonisio de Castilho
Revisão: Adolfo A. Hickmann, Dalila de Assis, Lozane Winter, Rita Rosário, Thaís Soler
Projeto gráfico e capa: Audrey Novac Ribeiro
Diagramação: Denise Duck Makhoul

Dados Internacionais de Catalogação na Publicação (CIP)

Kempis, Tomás de (1380–1471)
A imitação de Cristo
Tradução: Djonisio de Castilho — Curitiba/PR, Publicações Pão Diário
Título Original: *Read and reflect with the classics: The Imitation of Christ*
1. Vida cristã   2. Devocional   3. Consolação   4. Espiritualidade

---

Proibida a reprodução total ou parcial sem prévia autorização por escrito da editora.
Todos os direitos reservados e protegidos pela Lei 9.610, de 19/02/1998. Permissão
para reprodução: permissao@paodiario.org

Exceto quando indicado o contrário, os trechos bíblicos mencionados são da edição
Revista e Atualizada de João F. de Almeida © 2009 Sociedade Bíblica do Brasil.

Publicações Pão Diário
Caixa Postal 9740,
82620-981 Curitiba/PR, Brasil
publicacoes@paodiario.org
www.publicacoespaodiario.com.br
Telefone: (41) 3257-4028

BV074
ISBN: 978-65-87506-28-9

1.ª edição: 2021 | 2.ª impressão: 2025

Impresso na China

SUMÁRIO

Carta ao leitor 13

Prefácio à edição em inglês 17

Sobre o autor 19

Apresentação do livro por Pão Diário 23

Livro 1:
    Conselhos úteis à vida espiritual 27

1. Imite Cristo e despreze todas as
vaidades terrenas 29

2. Tenha uma opinião humilde
sobre si mesmo 31

3. Zele pela doutrina da verdade 35

4. Aja com prudência 39

5. Leia as Sagradas Escrituras 41

6. Resista às paixões desenfreadas 43

7. Resguarde-se do orgulho e das
falsas esperanças 45

8. Evite o excesso de familiaridade 47

9. Obedeça em submissão 49

10. Esquive-se de conversas supérfluas 51

11. Viva em paz e zele pela perfeição 53

12. Valorize as adversidades 57

13. Resista às tentações 59

14. Evite julgamentos precipitados 63

15. Faça obras por caridade 65

16. Suporte as falhas dos outros........................ 67

17. Sirva a Deus.. 69

18. Observe o exemplo dos
    santos sacerdotes................................... 71

19. Pratique a piedade 75

20. Ame a solitude e o silêncio 79

21. Exercite a contrição de coração..................... 83

22. Medite sobre a miséria humana...................... 87

23. Reflita sobre a morte............................... 91

24. Considere o julgamento e a punição
    do pecado... 95

25. Cuide em aperfeiçoar sua vida 99

Livro 2:
    Exortações à vida interior 105

1. Meditação.. 107

2. Humildade.. 111

3. Bondade e paz 113

4. Pureza de espírito e um único propósito....... 115

5. Zelo por si mesmo 117

6. Alegria decorrente da consciência limpa....... 119

7. Amor a Jesus acima de todas as coisas 123

8. Comunhão íntima com Jesus..................... 125

9. Renúncia a qualquer consolo 129

10. Gratidão pela graça divina 133

11. Amor pela cruz de Jesus.................... 137

12. O majestoso caminho da cruz.............. 141

Livro 3:
Consolação interior........................ 149

1. O diálogo interior de Cristo
com a alma fiel.............................. 151

2. A verdade fala ao nosso interior mesmo
sem o som das palavras 153

3. A Palavra de Deus deve ser
ouvida humildemente, pois muitos são
os que não a escutam 155

4. Caminhe na presença de Deus com
humildade e verdade 159

5. O maravilhoso efeito do amor divino 163

6. A prova do verdadeiro amor 167

7. A graça deve estar oculta sob o manto
da humildade 171

8. Em humildade diante de Deus 175

9. Todas as coisas devem ser atribuídas
a Deus como fim último 177

10. Quão suave é servir a Deus quando
se despreza o mundo........................ 179

11. Os anseios do nosso coração devem ser
examinados e moderados 183

12. Adquirindo paciência na luta contra
a concupiscência 185

13. A obediência de um humilde servo
ao exemplo de Jesus Cristo 189

14. Considere os juízos ocultos de Deus, para não se orgulhar de suas próprias boas obras 193

15. Como devemos falar e agir acerca de tudo que desejamos.. 197

16. Somente em Deus deve-se buscar o verdadeiro conforto....................................... 201

17. Devemos depositar toda a nossa inquietação em Deus 203

18. Os sofrimentos temporais devem ser suportados com paciência, segundo o exemplo de Cristo.. 205

19. A verdadeira paciência no sofrimento.......... 209

20. A confissão de nossa fraqueza diante das aflições da vida.. 213

21. Devemos descansar em Deus acima de todas as bênçãos e benefícios.................... 217

22. Lembre-se das incontáveis bênçãos de Deus 221

23. Quatro orientações que trazem grande paz 225

24. Evite perguntas curiosas sobre a vida alheia 229

25. O fundamento da paz inabalável do coração e do verdadeiro progresso................. 231

26. A excelência da mente livre, obtida por meio da oração, e não pela mera erudição... 235

27. O amor-próprio é o maior obstáculo ao bem maior.. 239

28. Prudência diante das calúnias 243

29. Como devemos invocar e bendizer
a Deus nos momentos de tribulações............ 245

30. Busca por ajuda divina e confiança
na graça restabelecida................................. 247

31. Rejeite todas as criaturas para
encontrar o Criador 251

32. A negação de si mesmo e a renúncia
de todos os desejos....................................... 255

33. A inquietação da alma e a necessidade
de dirigir a Deus nosso propósito final 259

34. Deus é doce acima de todas as coisas,
e benevolente em todas as coisas para
aqueles que o amam 261

35. Nesta vida, não há segurança contra
a tentação.. 265

36. O enganoso julgamento dos homens............ 269

37. A pura e completa renúncia
de si mesmo para obter
a liberdade do coração.................................. 271

38. O bom proceder em assuntos externos
e a busca por Deus nos momentos
de perigo.. 275

39. A atenção demasiada em suas próprias
ocupações deve ser evitada............................ 277

40. O homem não tem nada de bom em si
mesmo e de nada pode se vangloriar............. 279

41. Desprezo por toda honra
deste mundo 283

42. A paz não deve ser depositada em homens 285

43. Cuidado com o conhecimento supérfluo e mundano 287

44. Afaste-se das preocupações com as coisas exteriores 291

45. O homem não é digno de confiança, muito menos suas palavras 293

46. Confie em Deus quando o caluniarem 297

47. Todas as provações devem ser suportadas em prol da vida eterna 301

48. O dia da eternidade e as aflições desta vida 305

49. O desejo da vida eterna e as grandes recompensas prometidas aos que lutam 309

50. Como uma pessoa desolada deve se entregar nas mãos de Deus 315

51. Devemos praticar as obras humildes quando não conseguimos alcançar as mais nobres 319

52. O homem deve se considerar indigno de consolação, mas merecedor de punição 321

53. A graça de Deus não é concedida aos apegados às coisas do mundo 325

54. Os diferentes movimentos da natureza e da graça 329

55. A corrupção da natureza humana e a eficácia da graça divina 335

56. Devemos negar a nós mesmos e imitar
Cristo pela cruz... 339

57. O homem não deve se deixar abater
quando cometer alguma falha 343

58. Questões espirituais e os juízos ocultos
de Deus não devem ser questionados........... 347

59. Toda esperança e confiança devem
estar firmadas apenas em Deus 353

Livro 4:
Convite à Santa Comunhão.................... 357

1. A devida reverência com a qual
devemos receber a Cristo 359

2. A grande bondade e amor de Deus
são demonstrados ao homem
por esse sacramento 367

3. É proveitoso participar frequentemente
da Santa Comunhão 371

4. Muitas bênçãos são concedidas àqueles
que participam dignamente
da Santa Comunhão 375

5. A dignidade do sacramento
e do sacerdócio.. 379

6. Reflexões sobre o que se deve fazer
antes da Santa Comunhão 383

7. O exame da própria consciência e
a disposição para a correção 385

8. O sacrifício de Cristo na cruz
e a nossa oferta.. 389

9. Devemos oferecer a nós mesmos e tudo o que temos a Deus, e orar por todos.................................... 391

10. Não deixe de participar da Santa Comunhão por qualquer motivo insignificante 395

11. O corpo de Cristo e as Sagradas Escrituras são vitais para a alma fiel....................................... 399

12. Antes de participar da Santa Comunhão é necessário preparar-se com grande diligência.................................. 405

13. A alma devota deve desejar com todo seu coração unir-se com Cristo no sacramento.................................... 409

14. O ardente desejo do homem devoto de receber o corpo de Cristo 413

15. A graça da devoção é alcançada pela humildade e pela negação de si mesmo 417

16. Devemos apresentar nossas necessidades a Cristo e suplicar por Sua graça.................. 421

17. O amor ardente e o grande desejo de receber a Cristo.. 423

18. Não considere este sacramento com curiosidade, mas imite humildemente a Cristo, submetendo a sua razão à santa fé....................................... 427

Carta ao leitor

Procure um livro devocional dentre as diversas opções que estão disponíveis em sua livraria favorita, e você verá que os editores se dedicaram em publicar uma opção quase que personalizada para você. Há devocionais para homens, para mulheres, para adolescentes, para atletas. Há devocionais sobre oração, casamento, dinheiro, sobre temas de filmes. Escolha um tema, seja de dados demográficos ou interesse pessoal, e provavelmente encontrará um livro devocional sobre o assunto. Fora isso, a cada ano, uma nova leva é preparada para ser lançada no ano seguinte.

Entre tais opções, há *A imitação de Cristo*.

Tecnicamente não o considero um livro devocional, pois não era exatamente isso que produziam no século 15. Tomás de Kempis, o autor deste livro, escreveu simplesmente o que ele sabia e experienciava: a resistência natural de seu próprio coração a fim de viver de forma devota, o desenvolvimento de pensamentos puros, o reconhecimento das bênçãos que recebeu desde os tempos em que se rendeu com confiança silenciosa a Deus, o alinhamento de sua vida, ao exemplo de Cristo, por meio de uma humilde disposição de espírito e obras dignas de louvor.

Dito isso, após ler os primeiros e breves capítulos desta obra, você perceberá que está diante de um devocional bem diferente. Este não é uma tentativa de suprir o que o define como indivíduo, mas sim um convite para mergulhar na paz da rendição espiritual. "Ame ser desconhecido", diz o autor, para valorizar a quietude, para cortar o orgulho pela raiz, a fim de perceber como "todos os homens são fracos", mas ao mesmo tempo admitir que "ninguém é mais fraco do que você".

Poucos desses princípios são prontamente acolhidos pela sociedade contemporânea. Mesmo que os valorizemos e, às vezes, fiquemos um pouco entristecidos por negligenciá-los, basicamente admitimos que a atmosfera para se sentar em silêncio diante de Deus e articular um pensamento íntegro foi consumido pelo inevitável ruído da atualidade. Hoje em dia, nossa mente ocupa-se em uma contínua acrobacia na procura por oportunidades e informações, digladiando-se para manter, até mesmo, a menor vantagem e lucro e a desesperada busca por mérito. Talvez você se impressione com a ingênua ousadia de um monge, vivendo em um monastério, dizendo-nos para investir mais tempo em contemplação e aguardar até que Deus revele a si mesmo e Sua Palavra a nós.

Contudo, uma vez que tenha superado tal obstáculo e desafiado as presunçosas suposições do ceticismo, você perceberá o que está faltando na vida das pessoas (talvez também em *sua* vida) por não dar a devida atenção ao apelo à simplicidade, à santidade e ao sacrifício reverente. Você desejará tanto o que lhe está sendo oferecido nestas páginas que estará disposto, até mesmo, a enfrentar, face a face, este mundo enlouquecedor e exigente para consegui-lo.

Este devocional — ou, digamos apenas, este livro, o inspirará a viver uma devoção inigualável a Cristo — ouso dizer que seus hábitos devocionais serão transformados para sempre.

Prefácio à edição em inglês

Ao prepararmos esta edição de *A imitação de Cristo*, o objetivo era publicar um texto simples e legível, que fosse honesto para aqueles que já admiram este incomparável livro e, ao mesmo tempo, atrair outros leitores para ele. Por esta razão, traduzimos o texto para um inglês mais contemporâneo, em vez de usar termos rebuscados e arcaicos que, por vezes, prejudicam tantas traduções de obras clássicas cristãs.

E o resultado? Primeiro, entendemos que alcançamos a naturalidade e a concisão que acreditamos irem ao encontro da necessidade dos leitores modernos. Segundo, inserimos parágrafos no texto descartando a forma corrida do original que, inclusive, aparece em muitas traduções. Decidimos por isso a fim de facilitar a leitura e indicar mais claramente a conexão entre as declarações individuais.

Não reivindicamos a excelência literária sobre as versões já publicadas, nem fizemos qualquer tentativa para resolver posteriormente a questão da autoria do livro.

As teorias mais populares no momento atribuem *A imitação de Cristo* a dois ou três autores, membros dos *Irmãos da Vida Comum*, uma irmandade de monges, fundada na Holanda, na segunda metade do século 14. Thomas Hemerken de Kempen, ou Thomas à Kempis ou Tomás de Kempis, como ele é agora conhecido, mais tarde traduziu um compósito dos escritos deles. Basicamente um diário espiritual, do holandês para o latim. Com isso,

Kempis passou a ser reconhecido como autor deste livro por estudiosos. Tomás de Kempis, nascido por volta de 1380, foi educado pelos *Irmãos da Vida Comum*. Foi convidado a integrar tal irmandade onde foi ordenado sacerdote. Sua carreira religiosa foi voltada à prática das orientações para atingir a perfeição espiritual e copiar livros para as escolas. De sua vida de devoção, surgiu *A imitação de Cristo*. Longe de estar isento de defeitos, este livro foi e continua sendo, depois da Bíblia, a obra mais divulgada e traduzida no mundo.

Esta edição, que foi publicada em inglês, sem exclusão de capítulos ou partes deles, traz apenas uma grande mudança: a abordagem sobre a Santa Comunhão, que Kempis coloca como Livro 3, nesta edição aparece como Livro 4. Tal alteração segue uma ordem mais lógica e está em harmonia com o pensamento da maioria dos editores.

Os tradutores para o inglês
Aloysius Croft
Harold Bolton

Sobre o autor
Tomás de Kempis (1380–1471)

Tomás de Kempis, conhecido também como Tomás de Kempen, Thomas Hemerken (nome de família), Thomas à Kempis, ou Thomas von Kempen (devido ao local do seu nascimento, Kempen, perto de Colônia, atual Alemanha), foi um monge agostiniano alemão e teólogo cristão. Ele escreveu uma série de mensagens que, ao longo dos séculos tem influenciado o universo cristão, principalmente por expor, há centenas de anos, o que hoje parece óbvio: "a imitação de Cristo como padrão de fé, conduta, moral, ética, relacionamentos e negócios com o mundo". Ao todo, são atribuídas a ele aproximadamente 40 obras, sendo a mais proeminente delas o livro *A imitação de Cristo*.

Por volta de 1392, Kempis foi para Deventer, na Holanda, a fim de estudar na *Escola de Irmãos da Vida Comum*, uma comunidade dedicada à educação e ao cuidado dos pobres, fundamentada nos princípios da *Devotio Moderna* ("devoção contemporânea" ou "devoção de nossos dias"), movimento religioso, integrado por homens e mulheres, iniciado por Gerard Groote, o fundador da escola. Tal movimento propunha o retorno ao cristianismo primitivo — valorização da vida comunitária, desprezo pelos prazeres terrenos, priorização à vida interior e à oração — centrado na figura de Cristo. Sua prática consistia em exercícios espirituais, orações em grupos e sustento pessoal de cada devoto pelo próprio trabalho, geralmente produzindo cópias de livros. Tal movimento se estendeu pela Europa ao longo dos séculos 15 e 16, influenciando leigos e religiosos, na época anterior e posterior à Reforma Protestante.

Em 1399, Kempis deixou a escola e ingressou no mosteiro do monte de Santa Agnes, próximo a Zwolle. Nesse local, ele fez seus votos em 1408 e foi ordenado sacerdote em 1413, permanecendo lá por mais de 70 anos. Ali dedicou sua vida à oração, a copiar manuscritos e a instruir os noviços à vida espiritual. Durante esse período, ele se tornou um copista e escritor profícuo chegando a copiar quatro exemplares da Vulgata — Bíblia em Latim — levando seis anos para completar cada cópia, uma delas encontra-se em Darmstadt, na Alemanha, em cinco volumes. Levando uma vida tranquila, com seu tempo investido entre exercícios devocionais, composição e cópias, ele produziu o seu clássico *A imitação de Cristo*.

Visto que fora profundamente impactado pelos princípios e práticas do *Devotio Moderna*, não é difícil entender a razão pela qual citações bíblicas, especialmente do Novo Testamento, abundam nos ensinamentos de Kempis, pois eles endossam seus apelos e orientações quanto ao viver de forma cristocêntrica.

Kempis morreu em 1471, perto de Zwolle, aproximadamente 120 quilômetros ao norte de sua cidade natal. Uma especulação sobre sua morte é que ele teria sido acidentalmente enterrado vivo, pois ao exumarem o seu corpo 200 anos mais tarde, em uma das tentativas para canonizá-lo, marcas de arranhões foram observadas no interior do caixão e lascas da madeira encontradas embaixo de suas unhas. Uma das hipóteses para tal ocorrência seria um profundo coma que teria simulado a sua morte.

Em 1897, um monumento dedicado à sua memória foi colocado na igreja de São Miguel em Zwolle. Após o fechamento desse edifício, em 2006 foi transferido para uma igreja histórica no centro de Zwolle.

Apresentação do livro por Pão Diário

A imitação de Cristo, escrito pelo monge agostiniano Tomás de Kempis, é um *best-seller* de caráter cristão cuja leitura tem inspirado milhares de pessoas, por séculos a fio, a se aprofundarem na espiritualidade cristocêntrica, subjugando a natureza carnal à soberania divina. Sua proposta é a busca pela pureza prática e plena em Deus a fim de se usufruir da liberdade que há em Cristo.

A imitação de Cristo é um livro amplamente traduzido e lido desde o século 15. Vários outros autores foram sugeridos para essa obra, porém hoje a autoria de Kempis é dificilmente contestada. Antes mesmo do advento da imprensa, inúmeras cópias dessa obra estavam espalhadas pelas bibliotecas da Europa. Essas primeiras cópias, anônimas e em latim, começaram a circular em 1418. Mais tarde, em 1486, foi editado pela primeira vez e, em 1779, já havia 1.800 edições disponíveis. Apesar de tratar-se de um texto antigo, sua mensagem é contemporânea, visto que a luta contra o pecado é um contínuo desafio para todo cristão que busca relacionar-se com Deus e seguir verdadeiramente os Seus caminhos hoje.

Por ser um livro produzido antes da Reforma Protestante, e em um ambiente monástico, apresenta certas doutrinas e conceitos que não fazem parte da fé evangélica, e o leitor poderá estranhar o uso de certos termos que constam nesta obra. Contudo, todo cristão maduro, que conhece a Palavra de Deus, certamente saberá julgar todas as coisas e reter o que for bom (1 Tessalonicenses 5:21) à sua edificação espiritual.

A imitação de Cristo é uma obra que traz a junção de quatro livros:

Livro 1 — *Conselhos úteis para a vida espiritual.* Kempis é incisivo: "Somos orientados a imitar Sua vida e Seus hábitos, se realmente desejamos ser iluminados e desprendidos de toda cegueira de coração. Seja então, nosso principal propósito, meditar a respeito da vida de Jesus Cristo".

Livro 2 — *Exortações à vida interior.* Após ter sofrido muitas tribulações e se decepcionado com várias pessoas, Kempis enaltece a amizade de Cristo, destacando que existe solução para as dores da alma.

Livro 3 — *Consolação interior*, um diálogo entre Cristo e a alma do devoto.

Livro 4 — *Convite à Santa Comunhão*, traz orientações para o devoto participar adequadamente da Eucaristia. Por considerar esse sacramento santíssimo, Kempis enfatiza o aspecto espiritual envolvido nessa celebração.

A imitação de Cristo, dentre outras das obras de Tomás de Kempis, apresenta o mesmo escopo sobre a vida e as bênçãos do Salvador, expressando sua adoração ilimitada a Cristo. Considerado como a melhor representação do *Devotio Moderna*, princípios que tanto influenciaram a devoção e prática espiritual de Kempis, o livro orienta quanto a ler as Escrituras, aborda a utilidade das adversidades e a submissão às autoridades, adverte contra a tentação e exorta para se resistir a ela, discorre sobre a morte, o julgamento e o sacrifício de Cristo e admoesta o devoto a desprezar as vaidades do mundo. Kempis ressalta a pessoa e a vida de Cristo como modelo supremo para todo aquele que entrega sua vida a Deus, enfatizando a vida espiritual em detrimento da ambição materialista.

A imitação de Cristo, as *Confissões* de Agostinho (Ed. Petra, 2020) e *O peregrino* de John Bunyan (Publicações Pão Diário, 2020), ocupa uma posição de destaque entre os clássicos da literatura cristã. Inclusive, John Wesley e John Newton o citaram entre as obras que influenciaram a conversão deles.

Por ser uma obra inestimável na história da espiritualidade e, diante de sua relevância ao longo dos séculos, Ministérios Pão Diário optou por publicá-lo a fim de dispor mais uma obra clássica aos seus leitores. Os conceitos originais foram mantidos, conforme consta na versão em inglês que serviu de fonte para a presente obra.

Nosso desejo é que o leitor possa usufruir do melhor que este livro tem a oferecer, utilizando-se da estratégia dos bereanos que examinavam "as Escrituras todos os dias para ver se as coisas eram, de fato, assim" (Atos 17:11). Que sua diligência quanto a essa prática o leve, com propriedade, a declarar com o apóstolo Paulo: "Sede meus imitadores, como também eu sou de Cristo" (1 Coríntios 11:1).

Editores de Pão Diário

Livro 1
CONSELHOS ÚTEIS À VIDA ESPIRITUAL

Capítulo 1

IMITE CRISTO E DESPREZE TODAS AS VAIDADES TERRENAS

"Quem me segue não andará nas trevas" (João 8:12), diz o Senhor. Por meio dessas palavras de Cristo, somos orientados a imitar Sua vida e Seus hábitos, se realmente desejamos ser iluminados e desprendidos de toda a cegueira de coração. Seja então, nosso principal propósito, meditar a respeito da vida de Jesus Cristo.

Os ensinamentos de Cristo vão além de todos os conselhos dos santos, e aquele que tem Seu espírito encontrará nele um maná escondido. Há muitos que com frequência ouvem o evangelho, porém pouco se importam, pois não têm o espírito de Cristo. No entanto, quem deseja compreender plenamente Suas palavras deve tentar moldar toda a sua vida na de Cristo.

De que adianta falar com conhecimento sobre a Trindade se, sem humildade, você a desagrada? Na verdade, não é o aprendizado que torna um homem santo e justo, e sim se este leva uma vida virtuosa, e é isso que o torna estimado por Deus. Prefiro sentir arrependimento do que saber como defini-lo. De que nos serviria saber de cor toda a Bíblia e todos os conceitos dos filósofos, e ter uma vida sem a graça e o amor de Deus? Vaidade de vaidades, tudo é vaidade, exceto amar a Deus e servir somente a Ele.

Esta é a maior sabedoria: buscar o reino dos Céus através do desprezo do mundo. É vaidade, portanto, buscar e confiar nas riquezas que perecem. É vaidade também buscar honra e encher-se de orgulho. É vaidade seguir os desejos da carne e cobiçar o que mais tarde poderá castigá-lo severamente. É vaidade desejar muito tempo de vida, e não se importar que esta seja bem vivida. É vaidade preocupar-se apenas com o presente, e não se atentar às coisas que estão por vir. É vaidade amar o que passa rápido, e não olhar para frente, onde habita a alegria eterna.

Lembre-se sempre do provérbio: "Os olhos não se fartam de ver, nem se enchem os ouvidos de ouvir" (Eclesiastes 1:8). Além disso, tente desapegar seu coração do amor pelas coisas visíveis e faça-o simpatizar pelas coisas invisíveis, pois aqueles que seguem suas próprias paixões mancham sua consciência e perdem a graça de Deus.

Sobre qual doutrina bíblica você tem uma boa compreensão, porém tem dificuldade em aplicá-la em sua vida?

Capítulo 2

TENHA UMA OPINIÃO HUMILDE SOBRE SI MESMO

Almejar o conhecimento[1] é o desejo natural de todo o homem; mas que proveito há no conhecimento sem temor a Deus? Na verdade, um humilde camponês que serve a Deus é melhor do que um intelectual orgulhoso que descuida de sua alma para estudar o movimento das estrelas.[2] Aquele que conhece bem a si mesmo torna-se insignificante aos seus próprios olhos e não se satisfaz com os louvores humanos.

Se eu soubesse tudo o que há no mundo, porém me faltasse a caridade, de que me importaria isso diante de Deus, que me julgará de acordo com minhas obras?

---

[1] Aristóteles, *Metafísica*, i.1.
[2] Agostinho, *Confissões*, v. 4.

Evite o intenso desejo de saber, pois nele há muita aflição e ilusão. Os intelectuais gostam de parecer instruídos e considerados sábios. No entanto, muitas são as coisas cujo conhecimento faz pouco ou nenhum bem à alma, e insensato é aquele que se ocupa com outras coisas além daquelas que se referem à sua salvação.

As muitas palavras não satisfazem a alma, mas uma vida boa alivia o espírito, e uma consciência limpa inspira grande confiança em Deus.

Quanto mais você souber e melhor entender, mais severamente será julgado, a menos que viva de maneira mais santa. Não se orgulhe, portanto, de sua instrução ou de sua habilidade. Em vez disso, tema pelo talento que lhe foi dado. Se você acha que sabe e entende bem muitas coisas, lembre-se de que muito mais são as coisas que desconhece. Portanto, não exiba sua sabedoria, mas admita sua ignorância. Por que pretende ser alguém maior do que os outros, quando existem tantos mais sábios e cultos do que você?

Se você deseja aprender e apreciar algo que valha a pena, então ame ser desconhecido e que não o considerem. Não há melhor e mais útil conselho do que conhecer-se verdadeiramente e desprezar-se. Pensar em si mesmo como nada e sempre pensar bem dos outros é prova da melhor e mais perfeita sabedoria. E ainda que você veja alguém cometer um pecado abertamente ou cometer faltas graves, nem assim deve julgar-se melhor, pois não sabe por quanto tempo permanecerá no bem. Todos os homens são fracos, mas você deve admitir que ninguém é mais fraco do que você.

O que significa "pensar em si mesmo como nada"?
De que forma este fato parece ser verdadeiro ou falso em sua vida?

Capítulo 3

ZELE PELA DOUTRINA DA VERDADE

Feliz é aquele a quem a verdade se manifesta, não por sinais e palavras que desaparecem, mas como realmente é. Muitas vezes, nossas opiniões e nossos sentidos nos enganam e discernimos muito pouco.

De que adianta tanta especulação sobre assuntos obscuros e misteriosos, quando a nossa ignorância a respeito disso não será usada contra nós no Dia do Julgamento? A grande tolice é ignorar o que é útil e necessário para dar atenção ao que é irrelevante e prejudicial.

Temos olhos, mas não conseguimos ver.

Portanto, por que nos ocupamos com questões filosóficas? Aquele a quem a Palavra Eterna fala está livre da teorização. Todas as coisas são provenientes desta Palavra e falam de Deus — o Princípio que também fala a todos nós. Sem a Sua Palavra, ninguém entende nada ou julga corretamente. Aquele para quem Ele se torna tudo, que a Ele atribui tudo e que vê todas as coisas nele pode aliviar seu coração e permanecer em paz com Deus.

Ó Deus, tu que és a verdade, faz-me um contigo no amor infinito! Muitas vezes, fico cansado com tantas coisas que leio e ouço, mas em ti está tudo o que desejo. Aquietem-se os eruditos, e que todas as criaturas fiquem em silêncio diante da Tua presença; que somente tu fales comigo!

Quanto mais recolhido um homem é, e mais simples de coração ele se torna, mais fácil ele entende as coisas sublimes, pois recebe do alto a luz do conhecimento. O espírito puro, simples e firme não se desvia com seus afazeres. Visto que faz tudo para honrar a Deus e alegrar-se na paz interior, não busca nada para si mesmo. O que mais causa problemas e aflições do que o descontrole dos desejos do coração?

Um homem bom e devoto organiza em sua mente as coisas que ele tem que fazer; não de acordo com os caprichos da inclinação do mal, mas de acordo com os princípios da razão correta. Quem necessita de maior esforço do que aquele que tenta dominar a si mesmo? Portanto, este deveria ser o nosso propósito: dominar a nós mesmos, tornarmo-nos mais fortes a cada dia, avançarmos em virtude.

Nesta vida, cada perfeição tem em si alguma imperfeição, e nada aprendemos sem um pouco de ambiguidade. O conhecimento humilde de si mesmo é um caminho mais garantido para Deus do que a ardente busca em aprender.

Livro 1: Conselhos úteis à vida espiritual

Não que a aprendizagem ou o conhecimento sejam considerados ruim, pois são bons e ordenados por Deus; mas a consciência limpa e a vida virtuosa devem ser preferidas. Muitos erram repetidamente e realizam pouco ou nada, tentando ser instruídos ao invés de viver bem.

Se os homens tivessem tanto cuidado em eliminar vícios e cultivar virtudes como o fazem na discussão de problemas, não haveria tantos males e escândalos no mundo, nem tantos desgostos nas organizações religiosas. No dia do julgamento, certamente, não nos será perguntado o que lemos, mas o que fizemos; não o quão bem falamos, mas quão bem vivemos.

Diga-me: onde estão agora todos os mestres e professores que você conheceu tão bem na vida e que eram famosos por seus ensinamentos? Outros já ocuparam seus lugares, e não se sabe se estes ainda se recordam daqueles. Enquanto estavam vivos, pareciam ser valiosos; agora, raramente são lembrados. Com que rapidez a glória do mundo passa! Se ao menos a vida deles tivesse acompanhado seu aprendizado, então tanto estudo e leitura teriam valido a pena.

Quantos padecem por causa de vãos conhecimentos mundanos e por pouco se importarem em servir a Deus! Por escolherem ser grandes ao invés de humildes, perderam-se em seus pensamentos.

Grande realmente é quem tem muita caridade. Na verdade, grande é quem é pequeno aos seus próprios olhos e julga a mais elevada honra como algo inútil. Sábio realmente é quem vê todas as coisas terrenas como tolices, para assim ganhar a Cristo. Verdadeiramente sábio é quem renuncia à sua própria vontade para fazer a vontade de Deus.

De que maneira o fato de conhecer e amar a Deus traz como consequência o realizar boas obras por amor a Ele?

Capítulo 4

AJA COM PRUDÊNCIA

Não ceda a todos os impulsos e sugestões, mas considere tudo com muito cuidado e paciência à luz da vontade de Deus. Muitas vezes, e é até triste dizer, somos tão fracos que preferimos falar mal dos outros do que falar bem. Homens perfeitos, entretanto, não acreditam facilmente em tudo que lhes contam, pois sabem que a fraqueza humana é propensa ao mal e que isso certamente se revela em suas palavras.

É de grande sabedoria não agir de forma precipitada nem se apegar, de maneira obstinada, à sua própria opinião, bem como não acreditar em tudo o que as pessoas dizem nem espalhar a outros o que ouviu.

Busque o conselho de alguém sábio e consciente. Procure por pessoas instruídas antes de seguir suas próprias inclinações.

A vida plena torna o homem sábio diante de Deus e dá-lhe experiência em muitas coisas. Quanto mais

Tomás de Kempis

humilde e dependente de Deus esse homem for, mais sábio e em paz ficará em relação a tudo.

> *Existe alguém em sua vida que tenha se mostrado sábio? De que forma você deseja imitar essa pessoa?*

Capítulo 5

LEIA AS SAGRADAS ESCRITURAS

Na leitura das Sagradas Escrituras deve ser buscada a verdade, não a eloquência. Cada parte deve ser lida com o mesmo espírito com o qual ela foi escrita, pois nas Escrituras devemos preferir sua utilidade ao invés do discurso cortês.

Igualmente, devemos ler os livros simples e religiosos com a mesma boa vontade que lemos os mais nobres e profundos. Não devemos nos deixar influenciar pela autoridade do escritor, seja ele célebre estrela literária ou pessoa insignificante. No entanto, o sublime amor à verdade deve ser a nossa motivação à leitura. Não devemos dar importância a quem está falando, e sim ao que é dito. Os homens se vão, mas a verdade do Senhor permanece para sempre. Deus fala conosco de muitas maneiras sem fazer acepção de pessoas.

Geralmente, a nossa curiosidade nos impede de lermos as Escrituras; e isso ocorre quando queremos compreender e avaliar o que simplesmente devemos ler e o que ignorar.

Portanto, se você deseja se beneficiar com o que lê, faça-o com humildade, simplicidade e fé, e nunca busque ser reconhecido por isso. Busque voluntariamente e ouça atentamente às palavras dos santos; e não se aborreça com as histórias dos mais velhos, pois elas não ocorreram sem razão.

Você acha mais fácil ler textos antigos ou contemporâneos? Por quê?

Capítulo 6

RESISTA ÀS PAIXÕES DESENFREADAS

Quando um homem deseja desenfreadamente alguma coisa, imediatamente fica aflito. Um homem mesquinho e orgulhoso nunca descansa, enquanto aquele que é pobre e humilde de coração vive em um mundo de paz. Um homem que não morreu para si é tentado e dominado por pequenos e insignificantes males com muita facilidade; seu espírito é fraco, um tanto luxurioso e inclinado à sensualidade; dificilmente consegue privar-se dos desejos terrenos. E, por esse motivo se entristece se for privado deles; rapidamente se enfurece se for reprovado. No entanto, se ele satisfaz seus desejos, o arrependimento o aflige por ter seguido suas paixões, que de nada serviram para lhe trazer a paz que buscava.

Assim, a verdadeira paz do coração é encontrada quando resistimos às paixões, e não quando as satisfazemos.

Tomás de Kempis

Não existe paz no coração do homem carnal, nem naquele propenso à paixões infames. A paz habita no coração do homem fervoroso e espiritual.

Quais são as paixões às quais você precisa resistir hoje para viver em paz e descansar em Deus?

Capítulo 7

RESGUARDE-SE DO ORGULHO E DAS FALSAS ESPERANÇAS

Insensato é o homem que confia nos homens, nas coisas criadas. Não seja autossuficiente, mas coloque sua confiança em Deus. Faça o que estiver ao seu alcance, e Ele o ajudará em seus esforços. Não confie no seu próprio entendimento ou na astúcia de qualquer homem, mas sim na graça de Deus, que auxilia os humildes e humilha os orgulhosos.

Se você tem riquezas, não se glorie, nem de seus amigos por serem poderosos, e sim em Deus, que tudo dá a você e que, acima de tudo, deseja dar de si mesmo. Não se vanglorie de sua estatura ou de sua beleza física, pois uma simples enfermidade pode o deixar desfigurado ou até mesmo o destruir. Não sinta orgulho de seus talentos ou de suas habilidades, para não desagradar a Deus, a quem pertencem todos os dons naturais que você tem.

Não se considere melhor do que os outros, para que não seja considerado pior diante de Deus, pois somente Ele sabe o que se passa dentro de seu coração. Não se orgulhe de suas boas ações, pois os julgamentos de Deus diferem daqueles dos homens e o que os agrada geralmente desagradam o Senhor. Se há bondade em você, veja mais bondade nos outros, para que assim você possa permanecer humilde. Não lhe fará mal algum julgar-se inferior a qualquer outra pessoa, mas o prejudicará muito pensar ser melhor do que qualquer outro. Os humildes vivem em contínua paz, enquanto no coração dos orgulhosos, com frequência, há muita inveja e ira.

Você se considera autossuficiente ou suficiente em Deus? Por que você pensa isso?

Capítulo 8

EVITE O EXCESSO DE FAMILIARIDADE

Não abra seu coração para qualquer pessoa, antes trate de seus dilemas com quem é sábio e temente a Deus. Não se apegue muito aos jovens e estranhos. Não bajule os ricos, e procure não se misturar com os poderosos.

Junte-se aos humildes, simples, devotos e virtuosos, e converse com eles sobre assuntos que edificam. Não seja íntimo de nenhuma mulher, e recomende as insensíveis a Deus. Busque apenas a intimidade de Deus e de Seus anjos, evitando a atenção dos homens.

Devemos ser caridosos com todos os homens, porém não é conveniente familiarizar-se com todos. Às vezes, acontece de uma pessoa ter boa reputação entre aqueles que não a conhecem, mas, ao mesmo tempo, não é bem estimada por aqueles que a conhecem. Por muitas vezes, pensamos estar agradando os outros com a nossa presença,

Tomás de Kempis

porém começamos a aborrecê-los com as falhas que eles encontram em nós.

Você concorda com esta abordagem? Justifique sua resposta.

Como é a sua vida em relação a essas questões?

Capítulo 9

OBEDEÇA
EM SUBMISSÃO

É de grande prudência viver na obediência e sob a liderança de um superior e não ser seu próprio mestre, pois é muito mais seguro obedecer do que mandar. Muitos vivem em obediência mais por necessidade do que por amor. Estes ficam descontentes e abatidos ao menor pretexto; mas nunca terão paz de espírito, a menos que se sujeitem de todo o coração ao amor de Deus.

Vá para onde quiser, mas você não encontrará descanso, exceto na humilde obediência a um superior. Os sonhos de obter felicidade por meio de mudanças e de ambientes diferentes já iludiram muitas pessoas.

A verdade é que todos desejam fazer o que bem entendem e são atraídos por aqueles que concordam com eles. No entanto, se Deus está entre nós, devemos, às vezes, desistir de nossas opiniões pelas bênçãos da paz.

Além disso, quem é tão sábio para ter pleno conhecimento de tudo? Portanto, não confie muito em suas próprias opiniões, e esteja disposto a ouvir a opinião dos outros. E mesmo que a sua seja boa, se aceitar a de outro por amor a Deus, você ganhará muito mais mérito; pois sempre ouvi falar que é mais seguro ouvir e aceitar conselhos do que os dar aos outros. Pode acontecer, também, da opinião de alguém ser boa e você se recusar em concordar com ela por orgulho e teimosia, quando a razão e as circunstâncias exigem o contrário.

Qual é a forma de autoridade com a qual você luta para submeter-se, honrar ou obedecer hoje?

Capítulo 10

ESQUIVE-SE DE CONVERSAS SUPÉRFLUAS

Procure evitar as fofocas dos homens, tanto quanto possível, pois a discussão dos assuntos mundanos, mesmo que feita com sinceridade, é uma grande distração, na medida em que somos rapidamente enlaçados e envolvidos pela vaidade.

Muitas vezes, gostaria de ter ficado calado e não ter conversado com nenhum homem. Por que, de fato, conversamos e trocamos conversa fiada uns com os outros, quando raramente retornamos ao silêncio sem ter a consciência perturbada? Fazemos isso porque buscamos conforto na conversa com o outro e desejamos aliviar a mente cansada por tantos pensamentos e preocupações. Então, falamos e pensamos com muito carinho a respeito das coisas de que amamos ou das que odiamos na mesma intensidade. É triste dizer, mas muitas vezes falamos em vão e sem propósito; porque esta satisfação exterior realmente bloqueia a consolação interior e divina.

Portanto, devemos vigiar e orar para que o tempo não passe de maneira ociosa.

Quando chegar o momento certo e oportuno para falar, diga algo que edifique. Os maus hábitos e a indiferença ao avanço espiritual nos induzem a que falemos o que não se deve. Já as conversas dedicadas às coisas espirituais são de grande ajuda para o nosso crescimento espiritual, especialmente entre pessoas com a mesma mente e espírito que se unem a Deus.

Você participa de conversas tolas, seja ouvindo ou falando? Por quê?

Capítulo 11

VIVA EM PAZ E ZELE PELA PERFEIÇÃO

Poderíamos ter muita paz se não nos preocupássemos com o que os outros dizem e fazem, já que isso não deveria ser da nossa conta. Como alguém pode viver em paz se intromete-se nos problemas alheios, busca distrações exteriores e raramente se lembra de cuidar de seu interior?

Abençoados os simples de coração, pois desfrutarão de paz em abundância!

Por que alguns dos santos foram tão perfeitos e tão generosos à contemplação? Eles procuravam matar dentro de si todos os desejos terrenos e, assim, eram capazes de apegar-se a Deus de todo o coração e, livremente, concentrar-se em seus pensamentos mais íntimos.

Nós, por outro lado, estamos muito ocupados com nossos próprios caprichos e fantasias, ou seja, com coisas passageiras. Dificilmente conseguimos superar até mesmo um vício, e não nos entusiasmamos com o desejo de melhorar a cada dia; logo, permanecemos frios e indiferentes. Se nosso corpo estivesse perfeitamente mortificado e não permitíssemos que distrações entrassem em nossa mente, poderíamos apreciar as coisas divinas e experimentar algo da contemplação celestial.

O maior obstáculo — na verdade, o único — é o fato de que não estamos livres de paixões e luxúrias e não nos empenhamos em seguir o caminho perfeito dos santos. Então, quando encontramos qualquer dificuldade, rapidamente esmorecemos e nos voltamos para as consolações humanas. Se tentássemos, no entanto, permanecer firmes como soldados corajosos na batalha, a ajuda do Deus da eternidade certamente nos sustentaria. Ele nos dá a oportunidade de lutar pela vitória e está pronto para ajudar aqueles que seguem e confiam em Sua graça.

Se deixarmos nosso progresso na vida religiosa depender somente da observação de seus aspectos exteriores, nossa devoção rapidamente se dissipará. Vamos, então, cortar o mal pela raiz, para que possamos ficar livres de nossas paixões e, assim, ter paz de espírito.

Se extinguíssemos pelo menos um vício a cada ano, depressa nos tornaríamos perfeitos. O contrário, porém, costuma acontecer — sentimos que éramos melhores e mais puros no primeiro fervor da nossa conversão do que após muitos anos na prática de nossa fé. Nosso fervor e progresso deveriam aumentar a cada dia, no entanto,

Livro 1: Conselhos úteis à vida espiritual

causa admiração se um homem consegue reter, ainda que parcialmente, seu fervor inicial.

Se no início usássemos um pouco de força contra nós mesmos, deveríamos ser capazes de fazer todas as coisas com facilidade e alegria. É difícil quebrar velhos hábitos, porém mais difícil ainda é ir contra as nossas vontades.

Se você não superar as situações pequenas e insignificantes, como conseguirá superar as mais difíceis? Resista às tentações, logo no início, e abandone os maus hábitos, para que estes, pouco a pouco, não o levem a males piores.

Se você apenas considerar quanta paz a vida santa lhe trará e a alegria que proporcionará aos outros, creio que se preocupará muito mais com o seu crescimento espiritual!

Qual vício você tenta superar?
O que o impede de superá-lo?

Capítulo 12

VALORIZE AS ADVERSIDADES

À s vezes, é bom passarmos por dificuldades e aflições, pois assim somos lembrados de que estamos todos em provação e não devemos ter esperança em qualquer coisa terrena. Faz-nos bem também, às vezes, sofrer contradições e sermos julgados de forma errada pelos outros, embora façamos o bem e tenhamos boas intenções. Tudo isso nos ajuda a sermos humildes e nos protege da vaidade. Quando por todas as aparências exteriores somos menosprezados e ignorados pelos homens, ficamos mais inclinados a buscar a Deus, que é quem realmente vê nosso coração. Portanto, o homem deve se firmar em Deus de tal maneira que não precise mais dos consolos dos homens.

Quando o homem de boa vontade é afligido, tentado e atormentado por maus pensamentos, percebe claramente que sua maior necessidade é Deus, e que sem Ele, não

Tomás de Kempis

pode fazer o bem. Entristecido por suas misérias e sofrimentos, ele lamenta e ora. Cansado de viver desta forma, deseja a morte para que possa livrar-se de seu corpo e estar com Cristo. Entende plenamente, então, que a segurança perfeita e a completa paz não podem ser encontradas neste mundo.

Em quem ou no que você está buscando a paz?
Isso está lhe trazendo a verdadeira paz ou não?

Capítulo 13

RESISTA ÀS TENTAÇÕES

Enquanto vivermos neste mundo, não poderemos escapar do sofrimento e da tentação. Por essa razão está escrito em Jó: "Não é penosa a vida do homem sobre a terra?" (7:1). Todos, portanto, devem se proteger contra a tentação e vigiar em oração para que o diabo, que nunca dorme, mas anda à procura de quem ele pode devorar, não encontre oportunidade para enganá-los. Ninguém é tão perfeito ou tão santo que não possa, de vez em quando, ser tentado; o homem nunca estará totalmente livre da tentação.

No entanto, as tentações, embora incômodas e difíceis, geralmente são úteis ao homem, pois através delas, ele é humilhado, purificado e instruído. Todos os santos passaram por muitas tentações e provações e delas se beneficiaram. Aqueles que não resistiram, foram reprovados e sucumbiram. Aqui, não há um lugar tão sagrado ou tão secreto em que não haja tentações e provações. Enquanto o homem estiver vivo, nunca estará a salvo dessas tentações, pois é dentro de nós que elas se originam — em pecado fomos concebidos. Uma tentação ou provação pode passar, mas logo vem outra. Sempre teremos algo para sofrer por termos perdido o estado de bem-aventurança original.

Muitas pessoas tentam escapar das tentações, e acabam caindo em outras piores. Não podemos superá-las simplesmente fugindo, mas por meio da paciência e da verdadeira humildade nos tornamos mais fortes do que todos os nossos inimigos. E o homem que apenas evita as tentações externamente, sem arrancar o mal pela raiz, pouco progresso terá; na verdade, elas voltarão rapidamente, e mais violentas do que antes.

Aos poucos, com muita paciência e submissão, você conseguirá vencê-las; mas com a ajuda de Deus e não agindo severamente e de modo precipitado. Procure aconselhar-se quando for tentado; e não seja áspero com os outros que passam pelas mesmas situações, ou seja, console como você gostaria de ser consolado.

Toda tentação origina-se na mente vacilante e na pouca confiança em Deus, pois como um navio sem leme é levado para cá e para lá pelas ondas, assim ocorre com o homem desatento e inseguro, que é tentado de diversas maneiras. O fogo tempera o ferro e a tentação fortalece o justo. Muitas vezes não sabemos o que podemos suportar, mas a tentação nos mostra o que somos.

Acima de tudo, portanto, devemos ficar muito atentos ao início da tentação, pois o inimigo é vencido com mais

Livro 1: Conselhos úteis à vida espiritual

facilidade quando não o deixamos entrar em nossa mente, impedindo-lhe a entrada assim que bate.

Alguém já disse muito apropriadamente: "Resista aos inícios, pois as soluções chegam tarde demais, e quando a demora é longa o mal ganha força". Primeiro, um mero pensamento vem à mente, depois, uma forte imaginação, seguida de prazer, deleite maligno e consentimento. E então, pela não resistência inicial, Satanás tem total acesso para agir. E quanto mais tempo o homem demora em resistir, mais fraco ele se torna a cada dia, enquanto a força do inimigo cresce contra ele.

Alguns sofrem grandes tentações no início de sua conversão; outros, quando se aproxima o fim, enquanto alguns vivem preocupados praticamente o tempo todo ao longo de sua vida. Outros ainda são levemente tentados, de acordo com a sabedoria e a justiça da Providência Divina, que pesa o status e o mérito de cada um, e prepara tudo para a salvação de Seus eleitos.

Não devemos nos desesperar, portanto, quando somos tentados, mas orar a Deus com mais fervor para que Ele nos ajude, pois, de acordo com a palavra de Paulo, Ele proverá livramento, de sorte que a poderemos suportar. Humilhemos, portanto, nossa alma sob a mão de Deus em cada prova e tentação, pois Ele salvará e exaltará os humildes em espírito.

Mede-se o progresso de um homem por suas tentações e adversidades; nelas as oportunidades para se obter mérito e virtude são manifestas.

Quando um homem não está perturbado, não lhe é difícil ser fervoroso e devoto, mas se ele aguentar pacientemente na hora da adversidade, haverá esperança para grandes avanços.

Alguns suportam grandes tentações, porém são frequentemente vencidos nas pequenas provações; e assim, humilhados, não podem atrever-se na sua própria força diante das maiores.

Quais pequenas tentações você enfrentou hoje?
Você crê que Deus o fortalece por meio delas?

Capítulo 14

EVITE JULGAMENTOS PRECIPITADOS

Volte sua atenção para si mesmo e tome cuidado para não julgar as ações dos outros. Ao julgá-los, trabalhará em vão, cometerá erros com certa frequência e pecará facilmente; no entanto, ao julgar e examinar a si mesmo, fará algo que será sempre muito benéfico.

Geralmente, acreditamos que as coisas são da forma como desejamos, mas a verdadeira perspectiva se perde facilmente em meio aos nossos sentimentos.

Se Deus fosse o único objeto de nosso desejo, não seríamos tão facilmente perturbados pelas objeções feitas em relação às nossas opiniões. Mas, geralmente, algo dentro ou fora de nós acaba por nos atrair ou nos influenciar.

Muitos, sem perceber, procuram a si mesmos em tudo o que fazem. Estes parecem até estar em paz quando as coisas acontecem de acordo com seus gostos e desejos, mas se assim não o forem, logo ficam perturbados e tristes. As diferenças de sentimento e opinião, muitas vezes, dividem amigos e conhecidos, mesmo aqueles que são religiosos e devotos.

É difícil abandonar um antigo hábito, e ninguém quer ser levado para além de sua própria visão.

Se você confia mais em sua inteligência ou diligência do que na virtude da submissão a Jesus Cristo, dificilmente você se tornará um homem iluminado. Deus deseja que estejamos completamente submissos a Ele, com amor intenso, que se eleve acima de toda a sabedoria humana.

A oposição à sua opinião o perturba? Por quê?

Capítulo 15

FAÇA OBRAS
POR CARIDADE

Nunca faça o mal por nada deste mundo, nem por amor a pessoa alguma. No entanto, para alguém necessitado, uma boa ação pode, às vezes, ser desfeita propositalmente ou alterada por outra melhor. Isso não é omissão de uma boa ação, mas aperfeiçoamento dela.

Sem caridade, a obra realizada por nós não tem valor; mas qualquer coisa feita com caridade, mesmo que simples e pequena, traz muitas bênçãos, pois Deus considera o amor e a intenção com as quais a pessoa age, e não a ação propriamente dita.

Aquele que muito ama, muito faz. Aquele que faz bem tudo o que faz, muito faz. Quem serve ao bem comum, ao invés de seus próprios interesses, faz muito bem.

Muitas vezes, o que parece ser caridade é, muitas vezes, apenas amor-próprio, por raramente estar ausente a inclinação natural do homem, sua vontade própria, sua esperança de recompensa e seu interesse. Ao contrário, quem tem a verdadeira e perfeita caridade não busca nada para si mesmo, mas que todas as coisas sejam feitas para a glória de Deus. Além disso, a pessoa que assim procede não inveja ninguém, pois não deseja prazer nem alegria para si mesma; ela deseja a glória de Deus, acima de todas as coisas. Não atribui nenhum bem ao homem, mas inteiramente a Deus, fonte da qual todas as coisas procedem e em quem todos os bem-aventurados repousarão como seu último deleite.

Se o homem tivesse apenas uma faísca da verdadeira caridade, certamente entenderia a vaidade de todas as coisas da Terra!

Quais são suas motivações para fazer o bem?

Capítulo 16

SUPORTE AS FALHAS DOS OUTROS

Até que Deus ordene o contrário, o homem deve suportar pacientemente tudo o que ele não pode corrigir em si mesmo e nos outros. Considere melhor assim — talvez para testar sua paciência, pois sem ela seus méritos não têm muito valor. No entanto, sob tais dificuldades, você deve orar para que Deus o ajude a suportar tudo serenamente.

Se, depois de ser advertida uma ou duas vezes, uma pessoa não se corrigir, não discuta com ela, mas deixe nas mãos de Deus, para que seja feita a Sua vontade e para que Ele seja honrado em todos os Seus servos, pois o Senhor sabe muito bem como transformar o mal em bem. Tente suportar pacientemente os defeitos e as fraquezas dos outros, sejam quais forem, pois você também tem muitos defeitos que os outros precisam suportar.

Se você não pode se tornar o que gostaria de ser, como pode querer mudar os outros de acordo com a sua vontade? Queremos que eles sejam perfeitos; no entanto, não corrigimos as nossas próprias falhas. Desejamos que sejam severamente corrigidos; mas não nos corrigimos. A liberdade dos outros nos desagrada; contudo não queremos que nossos desejos sejam recusados. Desejamos que os outros sejam controlados por leis; mas não aceitamos ser restringidos por nada. É evidente, portanto, o quão raramente pensamos nos outros da forma como pensamos em nós mesmos.

Se todos fossem perfeitos, o que deveríamos sofrer dos outros por amor a Deus? Porém o Senhor assim ordenou para que possamos aprender a suportar os fardos uns dos outros, pois não há pessoa sem culpa, não existe pessoa sem aflições, não há pessoa suficiente para si mesma, e nem sábia o suficiente. Portanto, devemos apoiar uns aos outros, consolar uns aos outros, ajudar-nos mutuamente, aconselhar-nos e nos edificarmos. A medida da virtude de cada indivíduo é mais bem revelada no tempo de adversidade — adversidade esta que não enfraquece a pessoa, mas revela quem ela é.

Que falha de outra pessoa você luta para suportar?
Como Deus o suportou?

Capítulo 17

SIRVA A DEUS

Se você deseja ter paz e entendimento com o próximo, deve aprender a abrir mão de suas vontades em muitas situações. Não é fácil viver em mosteiros ou comunidades religiosas, e lá permanecer sem reclamar, perseverando de maneira fiel até a morte. Abençoado é aquele que lá vive bem e em contentamento termina sua vida.

Se você deseja perseverar na busca da perfeição, considere-se um peregrino, um exilado na Terra. E se deseja seguir a vida religiosa, deve contentar-se em parecer tolo por amor a Cristo. O hábito e a tonsura mudam pouco o homem. O que torna o homem um verdadeiro religioso são a mudança de vida e a completa mortificação das paixões.

Aquele que busca tudo, menos a Deus e a salvação de sua alma, encontrará apenas problemas e tristeza; e aquele que não tenta ser o menor, o servo de todos, não permanecerá em paz por muito tempo.

Você veio para servir, não para governar. Você deve entender também que foi chamado para sofrer e trabalhar, e não para viver no ócio e jogar conversa fora. Aqui os homens serão provados como o ouro em uma fornalha. Aqui nenhum homem pode permanecer, a menos que deseje, de todo o coração, humilhar-se diante de Deus.

Você se sente como um exilado na Terra? Explique.
Qual é a promessa de Deus para os peregrinos e exilados?

Capítulo 18

OBSERVE O EXEMPLO DOS SANTOS SACERDOTES

Considere os vívidos exemplos que foram revelados a nós pelos santos servos de Deus, que possuíam a luz da verdadeira perfeição e da religião. Você verá quão pouco ou quase nada fazemos. Afinal, o que é a nossa vida, se comparada com a deles? Os discípulos e amigos de Cristo serviram ao Senhor com fome e sede, com frio e nudez, no trabalho e no cansaço, nas vigílias e nos jejuns, nas orações e nas sagradas meditações, nas perseguições e nas mais diversas aflições. Quantas e quão severas foram as provações que sofreram — os apóstolos, mártires, confessores, virgens e todos os que quiseram seguir os passos de Cristo! Desprezaram a vida na Terra para que alcançassem a vida eterna.

Como eram rígidas e desprendidas a vida desses santos no deserto! Que tentações longas e graves sofreram! Quantas vezes foram perseguidos pelo inimigo! Quantas orações frequentes e fervorosas ofereciam a Deus! E que jejuns rigorosos aguentaram! Quão grandiosos o zelo e o amor que possuíam pela perfeição espiritual! Quão corajosa a luta que travavam para dominar seus maus hábitos! Que propósito puro e sincero demonstraram a Deus! Durante o dia, eles trabalhavam e, à noite, dedicavam-se a longas orações; e, mesmo no trabalho, não deixavam de orar mentalmente. Eles usavam todo o seu tempo de forma proveitosa; cada momento parecia muito curto para servir a Deus e, na grande doçura da contemplação, esqueciam-se até de suas necessidades físicas.

Renunciaram a todas as riquezas, dignidades, honras, amigos e aliados. Não desejavam nada do mundo. Permitiam-se apenas as necessidades da vida; atender às necessidades físicas, mesmo quando necessário, era penoso para eles. Eram pobres em relação aos bens terrenos, mas ricos em graça e virtude. Exteriormente destituídos, mas interiormente cheios de graça e consolo divino. Estranhos para o mundo, mas eram amigos próximos e íntimos de Deus. Consideravam-se sem valor algum, e eram desprezados pelo mundo; mas, aos olhos de Deus, eram preciosos e amados. Viviam na mais verdadeira humildade e simples obediência; caminhavam na caridade e na paciência, progredindo diariamente no caminho da espiritualidade e obtendo o favor de Deus.

Livro 1: Conselhos úteis à vida espiritual

Eles foram considerados um exemplo para todos os religiosos. Seu poder de nos guiar à perfeição deve ser maior do que o dos medíocres para nos tentar à indolência.

Como era grande o fervor de todos os religiosos no início de sua sagrada instituição! Como era grande a sua devoção na oração e seu zelo pela virtude! Que disciplina esplêndida floresceu entre eles! Que grande reverência e obediência em todas as coisas sob a liderança de um superior! Seus passos ainda são testemunho de como eram realmente homens santos e íntegros que lutaram bravamente e, assim, conquistaram o mundo.

Hoje, aquele que não infringe as regras e suporta pacientemente os deveres por ele assumidos já é considerado excepcional. Como somos medíocres e negligentes! Perdemos nosso fervor inicial de maneira muito rápida; até da nossa vida de inércia nos cansamos! Que você não esmoreça em sua busca pelas virtudes, já que tem visto tantos exemplos de pessoas piedosas!

Você perdeu o fervor inicial de sua fé? Por quê?

Capítulo 19

PRATIQUE A PIEDADE

A vida de um bom religioso deve ser abundante de todas as virtudes, de maneira que ele seja, no seu interior, o que demonstra ser para os outros. E, certamente, deve haver muito mais por dentro do que aparece por fora, pois quem vê o interior é Deus, a quem devemos reverenciar onde quer que estejamos e em cuja presença devemos andar puros como os anjos.

A cada amanhecer, devemos renovar nossas intenções e despertar para o fervor como se fosse o primeiro dia de nossa vida piedosa. E, então, devemos clamar: "Ajuda-me, ó Senhor Deus, em minhas boas intenções e em Teu santo serviço. Permite-me começar hoje mesmo com perfeição, pois até agora nada fiz".

Nosso desenvolvimento se dará de acordo com a nossa intenção; aquele que desejar a perfeição precisará ser muito esforçado. Se até quem é obstinado falha, constantemente, que dirá aquele que raramente se decide ou não tem entusiasmo? Muitas são as maneiras de falhar em nossas decisões, e até mesmo uma pequena omissão da prática religiosa acarreta alguma perda.

O propósito dos homens sábios está firmado na graça de Deus, e não em sua própria sabedoria. É nele que confiam para tudo o que precisam fazer, pois o homem realmente propõe, mas é Deus quem dispõe, e o caminho de Deus não é o mesmo que o dos homens. Se falhamos com uma prática habitual, algumas vezes, por piedade ou pelo bem do próximo, podemos retomá-la, certamente, mais tarde. Mas, se a abandonarmos de forma imprudente, por cansaço ou negligência, então nos sentiremos culpados e seremos prejudicados por isso. Por mais que nos esforcemos, ainda falhamos de maneira muito fácil em muitas coisas. No entanto, devemos sempre ter algum propósito, especialmente em relação ao que mais nos aflige. Nossa vida interior e exterior devem ser observadas e bem organizadas, pois ambas são importantes à perfeição.

Se nem sempre consegue isolar-se um pouco, faça isso pelo menos uma vez por dia, pela manhã ou à noite. Pela manhã, defina um objetivo e, à noite, examine a si mesmo: o que disse neste dia, o que fez e pensou, pois nessas pequenas coisas talvez tenham ofendido, muitas vezes, a Deus e ao seu próximo.

Arme-se como um homem forte contra os ataques do diabo. Controle a gula e, dessa forma, controlará mais facilmente todos os desejos da carne. Nunca fique completamente ocioso; leia ou escreva algo, ore, medite, ou faça

Livro 1: Conselhos úteis à vida espiritual

algo para o bem comum. Entretanto, os exercícios físicos devem ser realizados de forma discreta e não devem ser praticados indiscriminadamente por todos.

As suas práticas devocionais não devem ser exibidas em público, pois são pessoais e, portanto, é melhor realizá-las em secreto. Além disso, tome cuidado para não ser indiferente às orações da comunidade por amor às suas próprias devoções. Se, no entanto, depois de cumprir todas as obrigações e os ensinamentos necessários, sobrar algum tempo livre, use-o da maneira que a sua piedade sugerir.

Nem todos têm a mesma prática de devoção; geralmente cada um se identifica com uma prática diferente. E cada prática é adequada para um horário distinto; algumas para dias festivos e outras para os dias comuns. Em tempos de tentação, precisamos de certas práticas; já nos dias de descanso e paz, precisamos de outras. Algumas são adequadas quando estamos tristes; outras, quando estamos alegres no Senhor.

Na época das principais festas, devemos renovar as boas devoções e implorar, de maneira mais fervorosa, pela intercessão dos santos. E, entre uma festa e outra, devemos fixar nosso propósito, como se fôssemos passar deste mundo e alcançar a eternidade.

Finalmente, durante os tempos santos, devemos nos preparar cuidadosamente, viver a vida de forma mais santa e observar estritamente cada regra, como se fôssemos logo receber de Deus a recompensa por nosso trabalho. E, se esse momento for adiado, devemos acreditar que não estamos bem-preparados e que ainda não somos dignos da grande glória que, no devido tempo, nos será revelada. Enquanto isso, devemos nos preparar melhor para enfrentar a morte.

"Bem-aventurado aquele servo a quem seu senhor, quando vier, achar fazendo assim. Verdadeiramente, vos digo que lhe confiará todos os seus bens" (Lucas 12:43-44).

Você acredita que o amor de Deus por você depende de suas boas obras?
De que forma você vive como se acreditasse nisso?

Capítulo 20

AME A SOLITUDE
E O SILÊNCIO

Busque um momento adequado para cuidar de você, e medite frequentemente nas dádivas de Deus. Deixe as curiosidades para lá e ocupe sua mente com assuntos que o sensibilizem, ao invés de apenas distraí-lo. Se você se afastar de conversas desnecessárias e divagações ociosas, e das fofocas e dos rumores, encontrará tempo suficiente para a santa meditação.

Os maiores santos evitavam a companhia dos homens, sempre que possível, preferindo servir a Deus em reclusão. "Sempre que estive entre os homens, menos homem voltei", disse um escritor. Podemos perceber que isso é verdadeiro quando participamos de longas conversas. É mais fácil ficar em completo silêncio do que não falar demais. Ficar em casa é mais fácil do que se manter seguro enquanto se está fora dela. Qualquer um que almeja viver a vida interior e espiritual deve, então, deixar a multidão de lado e seguir com Jesus.

Nenhum homem se expõe, em segurança, aos olhos do público, a menos que primeiro aprecie o anonimato. Ninguém está seguro em falar, a menos que estime ficar em silêncio. Ninguém governa com segurança, a menos que esteja disposto a ser governado. Ninguém lidera com segurança, a menos que tenha aprendido a obedecer. Ninguém se alegra com segurança, a menos que tenha, dentro de si, o testemunho de uma boa consciência.

Mais do que isso, a segurança dos santos sempre foi nutrida no temor de Deus; e quanto mais se destacavam por suas grandes virtudes e graças, mais cautelosos e humildes eram. A segurança dos ímpios, ao contrário, nasce do orgulho e da vaidade e terminará em sua própria decepção.

Nunca pense que está seguro nesta vida, mesmo que pareça ser um bom religioso ou um eremita devoto. Com muita frequência, aqueles que são estimados pelos homens são seriamente ameaçados por seus próprios excessos de confiança. Portanto, para muitos, é melhor não estarem totalmente livres das tentações, mas que por elas muitas vezes sejam perturbados, para que não se achem tão seguros nem cheios de orgulho, ou até mesmo ansiosos em encontrar confortos exteriores.

Se o homem jamais procurasse alegrias passageiras ou se envolvesse com assuntos mundanos, que boa consciência ele haveria de ter. Teria muita paz e tranquilidade se deixasse de lado tudo o que é supérfluo e pensasse apenas

Livro 1: Conselhos úteis à vida espiritual

nas coisas divinas e úteis para a sua alma, colocando toda a sua confiança em Deus.

Ninguém merece o consolo celeste, senão aquele que se dedica devotamente à santa contrição. Se você deseja manter a compunção em seu coração, busque a privacidade de sua cela e feche-se ao alvoroço do mundo, como está escrito: "Consultai no travesseiro o coração e sossegai" (Salmo 4:4). Na privacidade, você encontrará o que muitas vezes perde fora dela.

Sua cela se tornará estimada se nela você permanecer, mas se não a frequentar, quando o fizer será tedioso. Se, no início de sua vida religiosa, você viver bem dentro dela e se mantiver assim, logo ela se tornará para você como um amigo especial e realmente um grande consolo.

Em silêncio e sossego, a alma devota progride e aprende as verdades ocultas das Escrituras. Lá ela encontra uma fonte de lágrimas para se banhar e se purificar todas as noites, para que possa se tornar mais íntima de seu Criador, ao mesmo tempo em que se afasta de todo o tumulto do mundo. Deus e Seus santos anjos se aproximarão daquele que se afasta de seus amigos e conhecidos.

É melhor estar solitário e cuidar de sua alma do que negligenciá-la e fazer milagres. Merece louvor o religioso que raramente sai, e que evita ser visto pelos homens e nem deseja vê-los.

Por que você deseja ver o que não tem permissão para ter? "Ora, o mundo passa, bem como a sua concupiscência" (1 João 2:17). O desejo sensual, às vezes, o induz a vagar, mas quando o momento passa, o que permanece senão uma consciência perturbada e o coração pesado? Muitas vezes, a ida feliz sucede a volta triste; uma noite alegre pode trazer um triste amanhecer. Assim, toda alegria carnal começa de forma doce; mas, no fim, traz remorso e morte.

O que você quer tanto encontrar em outro lugar que não pode encontrar em sua privacidade? Observe o Céu e a Terra, e todos os elementos, pois deles todas as coisas são feitas. O que você pode ver em qualquer lugar debaixo do Sol que possa durar tanto? Talvez você pense que poderá se satisfazer completamente, mas isso não acontecerá, pois se você pudesse ver todas as coisas existentes, o que seriam esses desejos, senão uma visão vazia?

Eleve seus olhos para Deus no Céu e ore por perdão de seus pecados e de suas deficiências. Deixe as vaidades para os fúteis e prepare-se para fazer o que Deus ordenou que fizesse. Feche a porta e clame por Jesus, seu amado. Permaneça com Ele em seu momento de privacidade, pois em nenhum outro lugar você encontrará tanta paz. Se você nunca tivesse saído e nem tivesse ouvido tantas conversas inúteis, teria permanecido em imensa paz. Mas como você se deleita em ouvir novidades, terá também que suportar a tristeza no coração.

Quando foi a última vez que você esteve sozinho e se sentiu feliz, sem procurar distrações para ocupar sua mente ou seu coração?
O que o impede de fazer isso com mais frequência?

Capítulo 21

EXERCITE A CONTRIÇÃO DE CORAÇÃO

Se você deseja crescer em virtude, seja temente ao Senhor e não queira ter muita liberdade; antes, discipline os seus sentidos e evite futilidades. A contrição abre a porta para muitas bênçãos que a imoralidade geralmente destrói.

É surpreendente pensar que qualquer pessoa que considera e medita em seu estado de isolamento e nos diversos perigos de sua alma possa ser perfeitamente feliz nesta vida. Despreocupados e indiferentes aos nossos defeitos, não sentimos o verdadeiro pesar de nossa alma e, muitas vezes, caímos no riso sem sentido quando temos bons motivos para chorar. Nenhuma liberdade é verdadeira e nenhuma alegria é genuína, a menos que seja alicerçada no temor do Senhor e em uma boa consciência.

Feliz é aquele que consegue se livrar de todas as distrações e retirar-se em santa contrição; e aquele que expulsa de si tudo o que pode manchar ou sobrecarregar sua consciência.

Lute como um homem. O hábito é superado pelo próprio hábito. Se você deixar os homens em paz, eles também o deixarão em paz para que faça o que tem que fazer. Não se preocupe com os assuntos alheios nem se envolva nos negócios de seus superiores. Fique de olho em si mesmo e não repreenda seus amigos antes de fazê-lo a si mesmo primeiro.

Se você não desfruta do favor dos homens, não se deixe entristecer por isso; mas importe-se caso não se comporte tão bem ou de forma cuidadosa, como convém a um servo de Deus e a um devoto religioso.

Muitas vezes, é melhor e mais seguro para o homem ter poucos consolos nesta vida, especialmente em relação aos confortos da carne. No entanto, se não temos consolo divino, ou raramente o experimentamos, a culpa é nossa, pois não buscamos a contrição do coração nem abandonamos as satisfações vazias e exteriores.

Considere-se indigno do consolo divino e merecedor de muitas adversidades. Quando um homem está totalmente contrito, o mundo inteiro se torna amargo e cansativo para ele.

Um bom homem sempre encontra motivos suficientes para lamentar e chorar; quer pense em si mesmo ou no próximo, sabe que ninguém vive aqui sem sofrimento. Quanto mais se examina, mais lamenta.

Os pecados e os vícios nos quais estamos tão enredados são apenas motivos de tristeza e remorso interior, e por isso raramente conseguimos nos dedicar à contemplação do Céu.

Não tenho dúvidas de que você se corrigiria com maior dedicação se pensasse mais em sua morte prematura do que em sua vida longa. E se você ponderasse em seu coração as futuras dores do inferno ou do purgatório, acredito que suportaria trabalhos e dificuldades com boa vontade e não temeria nenhuma adversidade. Mas como esses pensamentos nunca penetram no coração e como somos apaixonados pelo prazer lisonjeiro, permanecemos muito frios e indiferentes. Nosso corpo miserável reclama tão facilmente visto que nossa alma está completamente desprovida de vida.

Portanto, ore humildemente ao Senhor, para que Ele possa conceder a você o espírito de contrição, e como o salmista, repita: "Dás-lhe a comer pão de lágrimas e a beber copioso pranto" (Salmo 80:5).

Cite algumas coisas que você sente que merece.
O fato de não as ter rouba sua alegria? Por quê?

Capítulo 22

MEDITE SOBRE
A MISÉRIA HUMANA

Onde quer que você esteja, aonde quer que você vá, será miserável, a menos que se volte para Deus. Então, por que ficar desanimado quando as coisas não acontecem da forma que você gostaria? Existe alguém que tem tudo da maneira que deseja? Não! Nem eu, nem você, nem qualquer homem sobre a Terra. Não há ninguém no mundo, seja papa, ou rei, que não sofra provações e angústias.

Quem está em melhor situação, então? Certamente, é o homem que sofrerá algo por Deus. Muitas pessoas instáveis e de mente fraca costumam dizer: "Veja como esse homem vive, como é rico, influente e poderoso". Mas você deve elevar seus olhos para as riquezas do Céu e perceber que os bens materiais de que tanto falam nada significam. Tais coisas são incertas e muito pesadas visto que jamais são possuídas sem ansiedade e medo. A felicidade do homem não consiste em possuir abundantes bens; o pouco é suficiente.

Viver na Terra é realmente miséria. Quanto mais um homem deseja a vida espiritual, mais amarga a vida presente se torna para ele, pois consegue entender e enxergar de forma mais clara os defeitos e a corrupção da natureza humana. Comer e beber, vigiar e dormir, descansar, trabalhar e ser limitado por outras necessidades humanas é certamente uma grande miséria e aflição para o homem piedoso, que alegremente gostaria de ser liberto delas e ficar livre de todo o pecado. Na verdade, o homem interior está muito sobrecarregado pelas necessidades do corpo neste mundo, e por isso o salmista orou, para que pudesse ser o mais livre delas possível, dizendo: "Clamam os justos, e o SENHOR os escuta e os livra de todas as suas tribulações" (Salmo 34:17).

Mas ai daqueles que não conhecem sua própria miséria, e daqueles que amam essa vida miserável e corruptível. Alguns, de fato, dificilmente conseguem suprir suas necessidades, seja trabalhando ou pedindo esmola; no entanto, estão tão apegados a esta vida que, se pudessem viver aqui para sempre, não se importariam com o reino de Deus.

Como são tolos e sem fé no coração estes que estão tão absortos com as coisas terrenas a ponto de apreciarem somente o que é carnal! Homens realmente infelizes estes, pois no final poderão ver, para sua tristeza, como as coisas que amavam eram ínfimas e sem valor.

Os santos de Deus e todos os amigos devotos de Cristo não olhavam para o que agradava à carne, nem para as coisas que são admiradas de tempos em tempos. Toda a sua esperança e seu propósito centravam-se no bem eterno. Todo o seu desejo se elevava para o reino permanente e invisível, para que o amor ao que é visível não os arrastasse para as coisas inferiores.

Não desanime, então, meu irmão, em perseguir sua vida espiritual! Ainda há tempo e oportunidade. Por que atrasar seu propósito? Levante-se! Comece imediatamente e diga: "Agora é a hora de agir, agora é a hora de lutar, agora é a hora certa de me corrigir".

Quando você está perturbado e aflito, essa é a hora certa para ser recompensado. Porém antes de descansar, você deve passar pela água e pelo fogo. Se você não for enérgico consigo mesmo, não vencerá nenhum vício.

Enquanto vivermos neste corpo débil, não poderemos ficar livres do pecado nem viver sem cansaço e sem tristeza. Alegremente descansaríamos de toda a miséria, mas ao perder a inocência pelo pecado, também perdemos a verdadeira bem-aventurança. Portanto, devemos ter paciência e esperar a misericórdia de Deus até que esta iniquidade passe, até que a mortalidade seja tragada pela vida.

Como é grande a fragilidade da natureza humana, que está sempre sujeita ao mal! Hoje você confessa seus pecados e amanhã você comete novamente os mesmos pecados que confessou. Em um momento, você resolve ser cuidadoso; contudo, depois de uma hora, age como se não tivesse tomado decisão alguma.

Temos razões, portanto, por causa de nossa fragilidade e fraqueza, para nos humilhar e jamais pensar algo maior sobre nós mesmos. Podemos perder rapidamente, por negligência, tudo aquilo que, pela graça de Deus, adquirimos por meio de um longo e árduo trabalho. O que será de nós no final, se esmorecemos tão rapidamente? Ai de nós se presumimos descansar em paz e em segurança, quando ainda não há verdadeira santidade em nossa vida. Seria muito benéfico para nós, como bons aprendizes, se novamente fôssemos instruídos nos bons princípios da vida, pois assim poderia haver esperança de correção e crescimento espiritual no futuro.

Você corre o risco de perder o que "pela graça de Deus [você adquiriu] por meio de um longo e árduo trabalho"?
O que é prometido na Bíblia que você jamais perderá?

Capítulo 23

REFLITA SOBRE
A MORTE

Muito em breve sua vida na Terra acabará. Considere, então, o que pode estar reservado a você em outro lugar. Hoje estamos vivos; amanhã poderemos estar mortos e seremos rapidamente esquecidos. Quanta frieza e ignorância do coração humano, que olha apenas para o presente, ao invés de se preparar para o que está por vir!

Então, em cada ação e em cada pensamento, aja como se você fosse morrer neste mesmo dia. Se você tivesse uma consciência limpa, não temeria tanto a morte. É melhor evitar o pecado do que temer a morte. Se você não está preparado hoje, como estará preparado amanhã? Amanhã é um dia incerto; e como saber se você terá um amanhã?

De que adianta viver uma vida longa quando tão pouco progresso temos nesta vida? Na verdade, uma vida longa nem sempre nos beneficia, pelo contrário, geralmente só aumenta a nossa culpa. Quem dera tivéssemos vivido bem neste mundo pelo menos um único dia. Muitos contam os anos desde a sua conversão, mas raramente suas vidas se tornaram mais santificadas. Se é tão assustador morrer, é possível que viver mais tempo seja ainda mais perigoso. Bem-aventurado é aquele que mantém o momento da morte sempre diante de seus olhos e se prepara para isso todos os dias.

Se você já viu alguém morrer, lembre-se de que você também passará por esse caminho. Pela manhã, pense na possibilidade de não viver até a noite; e, quando a noite chegar, não se atreva a prometer a si mesmo o amanhecer. Esteja sempre pronto, portanto, e viva de modo que a morte nunca o pegue despreparado. Muitos morrem de forma repentina e inesperada, e é dessa maneira que o Filho de Deus também virá. Quando esse último momento chegar, você começará a ter uma opinião bem diferente da vida que já passou, e se arrependerá muito por ter sido tão descuidado e negligente.

Como é feliz e prudente aquele que tenta ser agora, em vida, o que deseja ser encontrado na morte. O que dará ao homem grandes expectativas de uma morte feliz é o total desprezo pelo mundo, o desejo vivo de crescer em virtude, o amor pela disciplina, a prática da penitência, a prontidão para obedecer, a negação de si mesmo e a perseverança em todas as dificuldades por amor a Cristo.

Você pode fazer muitas boas obras quando está com saúde, mas, o que você pode fazer quando está enfermo?

Livro 1: Conselhos úteis à vida espiritual

Poucos melhoram com a doença. Da mesma forma, aqueles que se comprometem com muitas peregrinações raramente se tornam santos.

Não coloque sua confiança em amigos e parentes, e não adie o cuidado de sua alma para mais tarde, pois os homens se esquecerão de você de forma mais rápida do que você pensa. Portanto, é melhor fazer algo de bom agora, enquanto há tempo, do que contar com a ajuda dos outros. Se você não se preocupa com seu próprio bem-estar agora, quem se importará quando você partir?

O tempo presente é muito precioso; estes são os dias da salvação; agora é o tempo aceitável. Como é triste que você não use o seu tempo de garantir a vida eterna de maneira melhor. Chegará a hora em que você desejará apenas um dia, apenas uma hora para fazer reparações, e como saber se conseguirá?

Veja, então, estimado amigo, o grande perigo do qual você pode se livrar e o grande medo do qual você pode ser salvo, se for sempre cauteloso e estiver atento à morte. Tente viver agora de tal maneira que, no momento da morte, você possa estar mais feliz do que com medo. Aprenda a morrer para o mundo agora, para então começar a viver com Cristo. Aprenda a desapegar-se de tudo agora, para que depois você possa livremente encontrar-se com Ele. Mortifique seu corpo em penitência agora, para que depois você possa ter a confiança gerada pela certeza.

Ah, homem tolo, por que você planeja viver tanto quando não tem certeza de viver nem mesmo um único dia? Quantos já foram enganados e repentinamente arrebatados! Quantas vezes você já ouviu falar de pessoas que morreram por afogamento, por quedas fatais de lugares altos, outras morrendo durante as refeições, brincando, em incêndios, pela espada, por uma peste ou nas mãos de ladrões! A morte é o fim de todos, e a vida do homem passa rapidamente como uma sombra.

Quem vai se lembrar de você quando você estiver morto? Quem orará por você? Faça agora, amado, o que puder, pois você não sabe quando morrerá, nem qual será o seu destino após a morte. Reúna as riquezas da imortalidade enquanto você tem tempo. Não pense em nada além da sua salvação. Cuide apenas das coisas de Deus. Faça amigos para si mesmo agora, honrando os santos de Deus, imitando suas ações, para que, quando você partir desta vida, eles possam recebê-lo em suas moradas eternas.

Mantenha-se como um forasteiro aqui nesta Terra, como um peregrino que não tem o menor interesse nos assuntos deste mundo. Mantenha o seu coração livre e eleve-o a Deus, pois aqui você não tem um lar permanente. Dirija a Ele suas orações diárias, seus sussurros e suas lágrimas, para que, depois da morte, sua alma mereça, passar ao Senhor com alegria.

Você tem medo da morte ou anseia pela eternidade com Cristo?
De que maneira o seu modo de viver demonstra sua atitude em relação à morte?

Capítulo 24

CONSIDERE
O JULGAMENTO E
A PUNIÇÃO DO PECADO

Para todas as coisas, pense sempre no seu fim, e em como se apresentará perante o rigoroso Juiz, de quem nada se esconde e que pronunciará a sentença com toda a justiça, que não aceita subornos nem desculpas. E você, miserável e insano pecador, que teme até mesmo o semblante de um homem irado, que resposta dará ao Senhor Deus que conhece todos os seus pecados? Por que você não se prepara para o dia do julgamento final, quando ninguém poderá ser desculpado ou defendido pelo outro, visto que cada um terá o suficiente para responder por si mesmo? Nesta vida, seu trabalho é produtivo, suas lágrimas são aceitáveis, seus suspiros são ouvidos, sua tristeza é satisfatória e purificadora.

Aquele que é paciente passa por um grande e benéfico purgatório quando se aflige mais pela malícia de quem o prejudica do que por seu próprio dano; quando ora prontamente por seus inimigos e perdoa suas ofensas de todo o seu coração; quando não hesita em pedir perdão aos outros; quando é mais facilmente levado a sentir pena do que raiva; quando, com frequência, emprega força contra si mesmo e aplica-se a submeter a carne totalmente ao espírito.

É melhor pagar logo os pecados e eliminar os vícios, do que mantê-los para a purificação após a morte. Na verdade, enganamos a nós mesmos pelo amor imprudente que temos pela carne. Do que aquele fogo se alimentará senão de nossos pecados? Quanto mais nos poupamos agora e quanto mais satisfazemos a nossa carne, mais difícil será o cálculo para o ajuste de contas.

O homem será punido severamente nas coisas em que mais pecou. Lá os preguiçosos serão conduzidos por aguilhões de fogo; os glutões serão atormentados pela fome e por sede indescritíveis; os devassos e amantes da luxúria serão banhados em piche ardente e fétido enxofre; os invejosos uivarão de dor assim como os cães raivosos.

Cada vício terá seu próprio castigo. Os orgulhosos serão confrontados por muita confusão, e os gananciosos serão afligidos com inquietante privação. Uma hora de sofrimento será mais amarga do que cem anos de penitência mais severa nesta Terra. Aqui, os homens, às vezes, descansam do trabalho e desfrutam da companhia dos amigos, mas os condenados não têm descanso nem consolo.

Livro 1: Conselhos úteis à vida espiritual

Você deve, então, cuidar e se arrepender de seus pecados agora, para que no dia do julgamento você possa estar seguro com os bem-aventurados. Pois naquele dia, os justos permanecerão firmes diante daqueles que os torturaram e os oprimiram, e aquele que agora se submete humildemente ao julgamento dos homens se levantará para julgá-los. Os pobres e humildes terão grande confiança, e os orgulhosos serão atingidos pelo medo. Aquele que aprendeu a ser tolo e desprezado por amor a Cristo é que então parecerá ter sido sábio.

Naquele dia, toda provação suportada com paciência será aprazível e a voz da iniquidade será silenciada; o devoto ficará feliz; o incrédulo lamentará; e o corpo mortificado se alegrará muito mais do que se fosse mimado com todos os prazeres. Então o traje humilde brilhará com esplendor e a veste fina se tornará desbotada e gasta; a casa humilde será mais elogiada do que o palácio dourado. A paciência perseverante contará mais do que todo o poder deste mundo; a simples obediência será exaltada acima de toda inteligência do mundo; a consciência boa e limpa alegrará o coração do homem muito mais do que a filosofia dos sábios; e o desprezo pelas riquezas terá mais peso do que todos os tesouros da Terra.

Então você encontrará mais consolo em ter orado com devoção do que em ter participado de banquetes requintados; e ficará feliz por preferir o silêncio a fofocas prolongadas.

Assim as boas obras serão de maior valor do que muitas palavras bonitas; e a rigidez da vida e as severas penitências serão mais agradáveis do que todos os prazeres terrenos.

Aprenda, então, a sofrer com pequenas coisas agora, para que você não tenha que sofrer com outras maiores na eternidade. Prove aqui o que você poderá suportar no futuro. Se agora você consegue suportar apenas o mínimo, como poderá suportar o tormento eterno? Se um pouco de sofrimento o deixa impaciente agora, o que o fogo do inferno não fará? Na verdade, você não pode ter duas alegrias: você não pode saborear os prazeres deste mundo e depois reinar com Cristo.

Se sua vida até agora tivesse sido cheia de honras e deleites, de que adiantaria se você morresse neste exato momento? Portanto, tudo é vaidade, exceto amar a Deus e servir somente a Ele.

Quem ama a Deus de todo o coração não teme a morte, nem o castigo, nem o julgamento, nem o inferno, porque o perfeito amor garante o acesso a Deus.

Não é de se admirar que aquele que ainda tem prazer no pecado teme a morte e o julgamento.

É bom, entretanto, que mesmo que o amor ainda não o restrinja do mal, que pelo menos o medo do inferno o faça. O homem que deixa de lado o temor a Deus não consegue permanecer por muito tempo no bem, e rapidamente cairá nas armadilhas do diabo.

Do que você precisa se arrepender hoje?
O que o impede de se arrepender? Por quê?

Capítulo 25

CUIDE EM
APERFEIÇOAR SUA VIDA

Tenha o olhar atento e diligente ao serviço de Deus, e sempre reflita no motivo que o fez abandonar o mundo e vir para cá. Não foi a fim de você viver para Deus e se tornar um homem espiritual? Então lute fervorosamente pela perfeição, visto que em pouco tempo você receberá a recompensa de seu trabalho, e nenhum medo ou tristeza o afligirão na hora da morte.

Trabalhe um pouco agora, e logo você terá o descanso merecido e a alegria eterna; pois se você continuar fiel e dedicado em suas ações, Deus, sem dúvida, será fiel e generoso em recompensá-lo. Não deixe de ter esperança de ganhar a salvação, mas não aja como se tivesse certeza disso, para não se tornar indolente e orgulhoso.

Certo dia, quando um homem, que oscilava com frequência e ansiedade entre o medo e a esperança, foi tomado pela tristeza, ajoelhou-se em humilde oração diante do altar de uma igreja. Enquanto meditava sobre tudo isso, ele disse: "Se eu soubesse que deveria perseverar até o fim!". Instantaneamente, ele ouviu dentro de si esta resposta divina: "Se você soubesse disso, o que faria? Faça agora o que você faria, então, estará seguro". Imediatamente consolado e confortado, ele entregou-se à vontade divina e a ansiosa incerteza o deixou. Sua curiosidade não buscava mais saber o que o futuro reservava para ele, e ele, em vez disso, tentou, encontrar a agradável e perfeita vontade de Deus no início e no fim de toda boa obra.

"Confia no Senhor e faze o bem; habita na terra e alimenta-te da verdade" (Salmo 37:3).

Há uma coisa que impede muitos de aperfeiçoarem verdadeiramente sua vida: o medo da dificuldade e do trabalho árduo da batalha. Mas com certeza, aqueles que tentam superar bravamente os obstáculos mais difíceis e desagradáveis a si mesmos em muito superam os demais que buscam a virtude. O homem faz mais progresso e merece maior graça precisamente nas questões em que obtém as maiores vitórias sobre si mesmo e mais mortifica sua vontade. É verdade que cada um tem suas próprias dificuldades para enfrentar e vencer, mas um homem dedicado e sincero crescerá mais, embora tenha mais paixões do que aquele que é mais tranquilo, no entanto, menos preocupado com as virtudes.

Particularmente, há duas coisas que contribuem para que possa melhorar ainda mais: afastar-se à força das

Livro 1: Conselhos úteis à vida espiritual

adições às quais sua natureza está viciosamente inclinada e trabalhar fervorosamente pelas virtudes que são mais necessárias.

Esforce-se também para se proteger e superar as faltas que, normalmente o desagradam nos outros. Aproveite ao máximo cada oportunidade, para que, se vir ou ouvir um bom exemplo, você se sinta motivado a imitá-lo. Por outro lado, tome cuidado para não ser culpado de coisas que você considera repreensíveis, ou se alguma vez o for, tente se corrigir o mais rápido possível. Assim como você observa os outros, eles também o observam.

Como é doce e agradável ver irmãos fervorosos e devotos, de boas maneiras e disciplinados! Mas como é triste e doloroso vê-los caminhando desnorteados, sem praticar as coisas para as quais foram chamados! Como é doloroso vê-los negligenciar o propósito de sua vocação para dedicarem-se ao que não lhes diz respeito.

Lembre-se do propósito ao qual você se comprometeu e tenha em mente a imagem de Jesus crucificado. Mesmo que você tenha caminhado por muitos anos no caminho de Deus, você pode muito bem ficar envergonhado com a imagem de Cristo diante de você, por não ter investido em se tornar mais semelhante a Ele.

O religioso que se preocupa intensamente e se dedica a viver a santíssima vida e paixão de nosso Senhor, encontrará nisso a abundância de todas as coisas úteis e necessárias a si mesmo. Ele não precisa buscar nada melhor do que Jesus.

Se Jesus crucificado viesse ao nosso coração, com que rapidez e abundância aprenderíamos!

Um religioso dedicado aceita e faz bem todas as coisas que lhe são ordenadas, mas um religioso negligente e morno sofre provas incessantes e angústia de todos os lados, pois não tem consolo interior e é impedido de buscá-lo exteriormente. O religioso que não pratica as ordenanças expõe-se à terrível ruína, e quem deseja ser mais livre e desimpedido sempre terá problemas, pois sempre haverá algo que o desagrada.

Como vivem tantos outros religiosos que estão confinados à disciplina do monastério? Raramente saem, vivem em contemplação, sua alimentação é limitada, suas roupas são rudimentares, trabalham muito, falam pouco, mantêm longas vigílias, levantam-se cedo, oram muito, leem com frequência e se submetem a todo tipo de disciplina. Observe os Cartuxos[3] e os Cistercienses,[4] os monges e as freiras de diferentes ordens: todas as noites eles se levantam para louvar ao Senhor. Seria uma vergonha se você fosse preguiçoso nessa obra sagrada, quando tantos religiosos já começaram a regozijar-se no Senhor.

Como seria maravilhoso se não houvesse mais nada a fazer a não ser louvar ao Senhor Deus de todo o coração e voz! Se você nunca tivesse que comer, beber ou dormir, mas pudesse louvar a Deus a todo momento e se

---

[3] Ordem dos Cartuxos, ou Ordem de São Bruno, seu fundador. Consiste na vida religiosa de clausura monástica e contemplativa caracterizada pelo silêncio absoluto.
[4] Cistercienses, religiosos de vida contemplativa e devotos de São Bento, fundador da vida monástica no século 6, cujo lema é: *ora e trabalha*.

Livro 1: Conselhos úteis à vida espiritual

ocupar exclusivamente de suas buscas espirituais! Você seria muito mais feliz do que é agora, um escravo de todas as necessidades do corpo! Quem dera não existissem tais necessidades, mas apenas as refeições espirituais da alma que, infelizmente, provamos muito raramente!

Quando um homem chega ao ponto de não buscar consolo em nenhuma outra criatura, ele começa a deleitar--se totalmente em Deus. Estará sempre satisfeito, não importa o que lhe acontecer. Ele não se regozijará com as grandes coisas, nem se entristecerá com as pequenas, mas se colocará de maneira inteira e confiante nas mãos de Deus, quem para esse homem é tudo em todas as coisas, para quem nada perece ou morre, para quem todas as coisas vivem e o servem como Ele deseja.

Lembre-se sempre do seu fim e de que o tempo perdido jamais voltará. Sem cuidado e dedicação, você nunca adquirirá virtudes. Quando começar a desanimar, estará caindo no início do mal; mas se entregar-se à devoção, encontrará paz e experimentará menos privações por causa da graça de Deus e do amor à virtude.

Um homem fervoroso e dedicado está pronto para tudo. É mais trabalhoso resistir aos vícios e às paixões do que suar o corpo em um trabalho físico. Aquele que não supera as pequenas faltas, pouco a pouco cairá nas maiores.

Sempre que o seu dia for proveitoso, você será feliz ao anoitecer. Vigie a si mesmo, desperte-se, previna-se e, independentemente do que acontecer aos outros, não descuide de si. Quanto mais rigoroso você for consigo mesmo, mais progresso fará.

O que precisa mudar em sua vida e em sua compreensão a respeito de Deus e dos outros?
O que o impede de efetuar tais mudanças?

Oração

Pai, estou ciente do que tu me pediste para fazer. Reconheço que a mente e o coração de Teus filhos devem ser obedientes e reverentes, mas muitas vezes sou mais parecido com o Teu servo Paulo — com o coração disposto, mas com a carne fraca. Concede-me o dom do arrependimento. Ao ler esses ensaios de devoção e meditar em suas questões, deparei-me com áreas na minha vida que precisam ser submetidas novamente a ti. Pelo poder do evangelho, pela completa obra de Cristo na cruz por todos os meus pecados, e com a esperança da eternidade diante de mim, por favor, dá-me um coração obediente a tudo que tu me pedes. Eu posso orar dessa maneira por causa da obra do Teu Filho, e em nome de Cristo. Amém.

Livro 2

EXORTAÇÕES À VIDA INTERIOR

Capítulo 1

MEDITAÇÃO

"Porque o reino de Deus está dentro de vós".
—LUCAS 17:21

Volte-se, então, para Deus de todo o seu coração. Abandone este mundo miserável, e sua alma encontrará descanso. Aprenda a desprezar as coisas exteriores, dedicando-se às interiores, e então verá o Reino de Deus vir até você, aquele reino que é paz e alegria no Espírito Santo, dádivas não concedidas aos ímpios.

Se você preparar uma moradia digna para Cristo em seu coração, Ele virá a você oferecendo-lhe Seu consolo, cuja beleza e glória, nas quais Ele se deleita, são todas interiores. Suas manifestações no interior do homem são frequentes, Sua comunhão é doce e cheia de consolação, Sua paz é imensa e Sua intimidade é realmente maravilhosa.

Portanto, alma fiel, prepare o seu coração para este Noivo, para que Ele possa vir e habitar nele. Jesus mesmo diz: "Se alguém me ama, guardará a minha palavra; e meu Pai o amará, e viremos para ele e faremos nele morada" (João 14:23).

Então, dê lugar a Cristo, mas negue a entrada a todos os outros. Você é rico quando tem Cristo, e Ele lhe é suficiente, será Seu provedor e suprirá todas as suas necessidades, de modo que você não precise confiar em homens fracos e instáveis. Cristo permanece para sempre, estando firmemente conosco até o fim.

Não confie muito no homem fraco e mortal, por mais prestativo e amigável que ele seja; e não se aflija muito se, às vezes, ele se opõe e o contradiz. Aqueles que estão conosco hoje podem estar contra nós amanhã e vice-versa, pois os homens mudam com o vento. Coloque toda a sua confiança em Deus; permita que Ele seja o seu temor e o seu amor. Deus responderá por você e lhe fará o que for melhor.

Você não tem um lar permanente aqui.

É um estranho e peregrino onde quer que esteja; e não terá descanso até que esteja totalmente unido a Cristo.

Por que você olha ao seu redor, se este não é o seu lugar de descanso? Em vez disso, preocupe-se com o Céu e veja as coisas terrenas com um olhar passageiro. Todas findam, e você finda com elas. Tome cuidado, então, para não se apegar, para que não seja aprisionado e pereça. Fixe sua mente no Altíssimo e ore incessantemente a Cristo.

Se você não sabe como meditar nas coisas celestiais, oriente seus pensamentos à paixão de Cristo e, de boa

Livro 2: Exortações à vida interior

vontade, contemple Suas sagradas feridas. Se você se voltar com devoção às feridas e às preciosas cicatrizes de Jesus, encontrará grande consolo no sofrimento, não se importará muito com o desprezo dos homens e suportará facilmente as palavras de calúnia que eles proferem.

Quando estava no mundo, Cristo também foi desprezado pelos homens e, na hora da necessidade, foi abandonado por amigos e conhecidos nas profundezas do desprezo. Ele estava disposto a sofrer e ser desprezado; você ainda tem coragem de reclamar de alguma coisa? Ele tinha inimigos e difamadores; você quer que todos sejam seus amigos, seus benfeitores? Como sua paciência pode ser recompensada se ela não passa por nenhuma adversidade? Como você pode ser amigo de Cristo se não está disposto a sofrer qualquer dificuldade? Sofra com Cristo e por Cristo, se deseja reinar com Ele.

Se você tivesse, apenas uma vez, entrado em comunhão perfeita com Jesus ou provado um pouco de Seu amor ardente, não se importaria com seu próprio conforto ou desconforto, mas se regozijaria com a reprovação que você sofre; pois o amor a Ele faz o homem desprezar-se a si mesmo.

Aquele que ama Jesus e a verdade, um homem verdadeiramente espiritual e livre de afeições descontroladas, pode voltar-se à vontade de Deus e elevar-se acima de si mesmo para usufruir a paz espiritual.

Aquele que experimenta a vida como ela realmente é, e não como os homens dizem ou pensam, é realmente sábio, pela sabedoria de Deus, e não dos homens.

Aquele que aprende a viver a vida interior e a dar pouca atenção para as coisas exteriores não procura lugares ou momentos especiais a fim de realizar as práticas da piedade. Um homem espiritual se recolhe rapidamente, porque nunca desperdiça a sua atenção com afazeres exteriores. Nenhuma ocupação exterior, nenhum negócio que não possa esperar permanece em seu caminho; ele se ajusta aos fatos à medida que acontecem. Aquele cuja disposição é bem-ordenada, não se importa com o comportamento estranho e perverso dos outros, pois um homem fica chateado e distraído apenas na proporção em que absorve as coisas exteriores.

Portanto, se tudo estivesse bem com você, e você fosse purificado de todo pecado, tudo tenderia para o seu bem e para o seu proveito. Mas como você ainda não está totalmente morto para si mesmo, nem livre de toda afeição terrena, ainda há muitas coisas que frequentemente o desagradam e perturbam. Nada mancha e contamina tanto o coração do homem quanto o apego impuro às criaturas. Mas se você recusar o consolo exterior, poderá contemplar as coisas celestiais e experimentar com frequência a alegria interior em seu coração.

> *O que ocupa seus pensamentos na maior parte do tempo?*
> *O que a Palavra de Deus diz sobre os pensamentos em geral, e que promessa pode haver em Sua Palavra para as preocupações e aflições que você vivencia?*

Capítulo 2

HUMILDADE

Não se preocupe com os que estão com ou contra você, mas cuide para que Deus esteja com você em tudo o que faz. Mantenha sua consciência limpa, e Deus o protegerá, pois a malícia do homem não pode prejudicar alguém a quem Deus deseja ajudar. Se você sabe como sofrer em silêncio, sem dúvida, experimentará a ajuda de Deus. Ele sabe quando e como libertá-lo; portanto, coloque-se em Suas mãos, pois é prerrogativa divina ajudar os homens e libertá-los de todo o sofrimento.

Às vezes, é muito bom para nós que os outros conheçam nossas faltas e, por causa delas nos repreendam, pois isso nos concede maior humildade. Quando um homem se humilha em razão de suas faltas, facilmente acalma aqueles que o cercam e prontamente tranquiliza os que estão zangados com ele.

Deus protege e liberta o homem humilde, aquele que Ele ama e consola. É para o homem humilde que Deus se volta e concede imensa graça, para que, depois de sua humilhação, possa elevá-lo à glória. Deus revela Seus segredos aos humildes e, com amável doçura, convida-os a se achegarem a Ele. E assim, o homem humilde usufrui de paz em meio a tantas contrariedades, pois sua confiança está em Deus, e não no mundo. Portanto, você não deve pensar que fez qualquer progresso até que se veja como inferior a todos.

Geralmente, você se considera inferior ou superior aos outros?
Se Deus estivesse diante de você e de todos os demais, o que Ele diria igualmente a vocês?

Capítulo 3

BONDADE E PAZ

Primeiramente, fique em paz consigo mesmo; e então será capaz de trazer paz aos outros. Um homem pacífico faz mais bem do que um homem culto. Enquanto um homem movido pela paixão transforma até o bem em mal, e facilmente acredita no mal, o homem pacífico, sendo bom, transforma todas as coisas em bem.

O homem que está verdadeiramente em paz nunca levanta desconfiança, mas o de espírito inquieto e descontente é perturbado por muitas suspeitas. Ele não descansa nem permite que os outros o façam. Frequentemente diz o que não deve ser dito e deixa de fazer o que deveria ser feito. Preocupa-se com os deveres dos outros, mas negligencia os seus.

Dirija seu zelo, portanto, primeiro sobre si mesmo; e depois você poderá exercê-lo com justiça sobre aqueles que estão ao seu redor. Você é bem-versado em colorir suas próprias ações com desculpas que não aceitaria dos outros,

Tomás de Kempis

embora fosse mais justo acusar a si mesmo e desculpar seu irmão. Se você deseja que os homens o suportem, deve primeiramente suportá-los. Observe como você está longe da verdadeira caridade e humildade, a ponto de não saber zangar-se ou indignar-se, salvo contra si mesmo!

Não é grande coisa associar-se com os bons e gentis, pois tal associação é naturalmente agradável. Todos preferem ter uma vida pacífica e conviver com pessoas de hábitos amigáveis! Mas ser capaz de viver em paz com os homens rudes e perversos, ou com os indisciplinados e os que nos irritam, é uma grande graça, valorosa e digna de louvor.

Algumas pessoas vivem em paz consigo mesmas e com seus semelhantes, mas outras nunca estão em paz consigo mesmas nem deixam os outros em paz. Estes últimos são um fardo para todos e, principalmente, a si mesmos. E há aqueles poucos que vivem em paz consigo mesmos e que ainda tentam restaurar a paz dos outros.

No entanto, toda a nossa paz nesta vida miserável se encontra em suportar humildemente o sofrimento, em vez de estarmos livres dele. Aquele que melhor sabe sofrer desfrutará de maior paz, porque é vencedor de si mesmo e dono do mundo, amigo de Cristo e herdeiro do Céu.

Você está em paz consigo mesmo? Justifique.
Está em paz com os outros? Por quê?

Capítulo 4

PUREZA DE ESPÍRITO E UM ÚNICO PROPÓSITO

Um homem pode ser levantado da Terra por duas asas: simplicidade e pureza. Deve haver simplicidade em sua intenção e pureza em seus desejos. A simplicidade leva a Deus; a pureza o abraça e nele se deleita.

Se o seu coração estiver livre de afeições mal-ordenadas, nenhuma boa ação lhe será difícil. Se você não busca nada além do prazer de Deus e do bem-estar de seu próximo, desfrutará da liberdade interior.

Se o seu coração for íntegro, cada criatura lhe será um espelho da vida e um livro de ensinamentos sagrados, pois não há criatura, por menor que seja e por menor valor que tenha, que não represente a bondade de Deus. Se interiormente você fosse bom e puro, veria todas as coisas de forma clara e facilmente as compreenderia, pois um coração puro penetra no Céu e no inferno; e o homem julga o que é externo de acordo com o que está dentro dele. Se houver alegria no mundo, os puros de coração certamente a possuirão; e se houver angústia e aflição em qualquer lugar, a má consciência as conhece muito bem.

Assim como o ferro lançado ao fogo perde sua ferrugem e se torna incandescente, aquele que se volta completamente para Deus é despojado de sua inércia e transformado em novo homem. Quando um homem começa a desanimar, ele teme o menor trabalho e acolhe o conforto exterior, mas quando se empenha a vencer a si próprio e a caminhar bravamente nos caminhos de Deus, as coisas que antes julgava ser tão difíceis lhe soam leves.

Você busca a satisfação de Deus e o bem-estar do seu próximo?
De que forma você está conseguindo isso e como pode começar?

Capítulo 5

ZELO POR SI MESMO

Não devemos confiar muito em nós mesmos, pois muitas vezes nos faltam graça e compreensão. Temos pouca luz natural em nós e rapidamente a perdemos por negligência. Muitas vezes, não temos consciência de que somos tão cegos de coração. Nesse meio tempo, erramos e pioramos tudo ao nos desculpar. Às vezes, somos movidos pela paixão e pensamos que é zelo. Responsabilizamos os outros por pequenos erros e negligenciamos os nossos, bem maiores. Somos rápidos o suficiente para sentir e pesar sobre as coisas que suportamos dos outros, mas não pensamos no quanto os outros sofrem pelo que causamos. Se um homem avaliasse suas próprias ações completa e corretamente, encontraria poucos motivos para julgar os outros com severidade.

O homem que vive pelo espírito coloca o cuidado de si mesmo antes de todas as outras preocupações, e quem se cuida com dedicação não encontra dificuldade em silenciar-se acerca das outras pessoas. Você nunca será devoto de coração, a menos que fique em silêncio sobre os assuntos dos outros e preste especial atenção a si mesmo. Se você se aplicar com dedicação a Deus e a si mesmo, pouco se perturbará pelo que vê em si.

Onde estão seus pensamentos quando não estão sobre si? E depois de ter atendido a várias coisas, o que ganhou se porventura negligenciou a si mesmo? Se você deseja ter a verdadeira paz mental e unidade de propósito, deve deixar tudo de lado e manter apenas a si mesmo diante de seus olhos.

Você fará grande progresso se conseguir manter-se livre de todas as preocupações temporais, pois valorizar qualquer coisa que seja temporal é um grande erro. Não considere nada grande, elevado, agradável ou aceitável, exceto o próprio Deus ou o que pertence a Ele. Considere fúteis as consolações que vierem das criaturas, pois a alma que ama a Deus despreza todas as coisas que lhe são inferiores. Só o eterno e infinito Deus satisfaz a todos, traz conforto à alma e verdadeira alegria ao coração.

Que distrações o impedem de prestar atenção ao que Deus deseja lhe ensinar?
Tais distrações são as bênçãos divinas que você permite que se tornem distrações, ou são coisas que devem ser postas de lado?

Capítulo 6

ALEGRIA DECORRENTE DA CONSCIÊNCIA LIMPA

A glória de um homem justo é o testemunho de uma boa consciência. Portanto, mantenha a sua consciência limpa e sempre terá alegria em sua vida, pois uma consciência limpa pode suportar muitas coisas e trazer alegria mesmo em meio à adversidade. Já a consciência pesada está sempre inquieta e apreensiva.

Doce será o seu descanso se o seu coração não o reprovar.

Não se alegre, a menos que tenha feito o bem. Os pecadores nunca experimentam a verdadeira alegria ou a paz interior, pois "para os perversos, todavia, não há paz, diz o SENHOR" (Isaías 48:22). Mesmo que tais digam: "Estamos em paz, nenhum mal nos acontecerá e ninguém ousará nos ferir", não acredite neles, pois a ira de Deus surgirá rapidamente, e suas ações serão reduzidas a nada e seus pensamentos perecerão.

Não é difícil para o homem que ama gloriar-se na adversidade; no entanto, ele deve gloriar-se na cruz do Senhor. Mas a glória dada ou recebida pelos homens tem vida curta, e a glória do mundo é sempre acompanhada pela tristeza. A glória dos justos, porém, está em sua consciência, e não nos lábios dos homens, pois a alegria dos justos vem de Deus e está em Deus, e a sua alegria está alicerçada na verdade.

O homem que anseia pela verdadeira e eterna glória não se importa com a que é passageira; e o que busca essa fama passageira ou não a despreza em seu coração, seguramente, preocupa-se pouco com a glória do Céu.

Aquele que não se importa em elogiar nem em culpar, possui grande paz no coração e, se sua consciência estiver limpa e em paz, irá satisfazer-se facilmente.

Os elogios nada acrescentam à sua santidade, nem a culpa lhe tira alguma coisa. Você é o que é, e nada do que disserem sobre sua pessoa o tornará melhor aos olhos de Deus. Se você examinar bem o que é interiormente, não se importará com o que os homens falam sobre você. Eles olham para as aparências, mas Deus olha para o coração. Eles consideram as ações, mas Deus avalia as intenções.

É característico da alma humilde fazer sempre o bem e não se vangloriar. É sinal de grande pureza e profunda fé não buscar consolo em coisas exteriores. O homem que não busca louvores a si mesmo demonstra claramente

Livro 2: Exortações à vida interior

que se entregou a Deus: "Porque não é aprovado quem a si mesmo se louva, e sim aquele a quem o Senhor louva" (2 Coríntios 10:18).

A condição do homem espiritual significa caminhar intimamente com Deus e livrar-se das influências externas.

Quais pensamentos permeiam a sua consciência hoje? Tranquilize sua consciência antes de tomar qualquer atitude.

Capítulo 7

AMOR A JESUS ACIMA DE TODAS AS COISAS

Abençoado é aquele que aprecia o que significa amar a Jesus e que se autodespreza por amor a Ele. Abandone qualquer outro amor para amar o Senhor, uma vez que Cristo deseja ser amado acima de todas as coisas.

O afeto pelas criaturas é enganoso e instável, mas o amor de Jesus é verdadeiro e permanente. Aquele que se apega a uma criatura cairá com sua fragilidade, mas aquele que se entrega a Jesus será sempre fortalecido.

Ame a Jesus e o tenha como um amigo. Ele não o deixará como outros o fazem, nem o deixará sofrer a morte eterna. Algum dia, queira ou não, você deverá despojar-se de tudo. Portanto, apegue-se a Jesus na vida e na morte; confie-se à glória somente daquele que é o Único que pode ajudá-lo quando todos os outros falham.

Seu Amado é tal qual alguém que não aceita dividi-lo com outra pessoa — Jesus deseja que o seu coração pertença apenas a Ele; e, por direito próprio, quer ser entronizado como Rei. Se você apenas soubesse como se libertar inteiramente de todas as criaturas, Jesus habitaria livremente em seu interior.

Você descobrirá que, à parte de Jesus, quase toda a confiança que deposita nos homens é perda total. Portanto, não confie nem dependa de um caniço agitado pelo vento, pois "toda a carne é erva" (Isaías 40:6) e toda a sua glória, como a flor da erva, desaparecerá.

Você será rapidamente enganado se olhar apenas para a aparência exterior dos homens, e muitas vezes se desapontará se buscar conforto e proveito neles. Se, entretanto, buscar a Jesus em todas as coisas, certamente o encontrará. Da mesma forma, se buscar a si mesmo, a si mesmo encontrará, para a sua própria ruína.

Pois o homem que não busca a Jesus causa a si mesmo um dano muito maior do que o mundo inteiro e todos os seus inimigos poderiam lhe causar.

Quais coisas você ama acima de Jesus?
E amá-las lhe traz ou rouba a sua alegria?

Capítulo 8

COMUNHÃO ÍNTIMA COM JESUS

Quando Jesus está presente, tudo fica bem e nada parece difícil. Quando Ele está ausente, tudo é difícil. Quando Jesus não fala ao nosso coração, todo consolo é vazio, mas se Ele diz apenas uma palavra, sentimos grande conforto.

Maria não se levantou imediatamente do choro quando Marta lhe disse: "O Mestre chegou e te chama" (João 11:28)? Feliz é a hora em que Jesus seca as suas lágrimas e alegra o seu espírito!

Como você fica desolado e insensível sem Jesus! Como é tolo e vazio desejar qualquer coisa além dele! Não é perda maior do que perder o mundo inteiro? Sem Jesus, o que o mundo pode oferecer a você? A vida sem Ele é um inferno implacável; mas viver ao Seu lado é um doce paraíso. Se Jesus estiver com você, nenhum inimigo poderá prejudicá-lo.

Quem encontra Jesus encontra um tesouro raro, na verdade, um bem acima de todo o bem; enquanto quem o perde, perde mais que o mundo inteiro. O homem que vive sem Jesus é o mais pobre dos pobres, ao passo que ninguém é tão rico quanto o homem que vive em Sua graça.

É arte admirável saber como conversar com Jesus, e grande sabedoria saber como continuar a lhe falar. Seja humilde e pacífico, e Jesus estará com você. Seja devoto e calmo, e Ele permanecerá com você. Se voltar-se para o mundo exterior, você pode rapidamente afastá-lo e perder Sua graça. E, se você o afasta e o perde, quem o auxiliará e a quem então buscará como amigo?

Você não pode viver bem sem um amigo, e se Jesus não for seu amigo acima de tudo, você se sentirá muito triste e desolado. Portanto, agirá tolamente se confiar ou se alegrar com qualquer outra pessoa. É preferível escolher a oposição do mundo inteiro ao invés de ofender Jesus. Entre todos aqueles que lhe são estimados, que Ele seja o seu amor maior. Ame a todos por amor a Jesus, mas ame a Jesus pelo que Ele é.

Jesus Cristo é o único que deve ser amado com amor especial, pois somente Ele, de todos os seus amigos, é bom e fiel. Por Ele e nele, você deve amar amigos e inimigos da mesma forma, e pedir-lhe para que todos possam conhecê-lo e amá-lo.

Nunca deseje louvor ou amor especial, pois isso pertence somente a Deus, e não há ninguém como Ele. Jamais deseje que o carinho de alguém esteja centrado em você, nem se deixe levar pelo amor de ninguém, mas permita que Jesus habite em você e em todo homem bom. Seja puro e livre em seu interior, e não enredado em qualquer criatura.

Você deve apresentar a Deus um coração puro e aberto, se deseja presenciar e ver o quanto Ele é terno. Na verdade, você nunca alcançará essa felicidade, a menos que Sua graça o prepare e o atraia para que possa abandonar todas as coisas para unir-se somente a Ele.

Quando a graça de Deus é concedida ao homem, ela o torna capaz de fazer todas as coisas; porém, quando ela se retira, ele se torna pobre e fraco, abandonado, por assim dizer, às aflições. No entanto, nessa condição, ele não deve ficar abatido ou desesperado. Pelo contrário, ele deve esperar calmamente a vontade de Deus e suportar tudo o que lhe acontecer em louvor a Jesus Cristo, pois depois do inverno, vem o verão; depois da noite, o dia; e grande calmaria, depois da tempestade.

Você encontra amizade em e com Jesus? Justifique.
A Bíblia promete que você terá a amizade de Cristo?

Capítulo 9

RENÚNCIA A QUALQUER CONSOLO

Não é difícil rejeitar o consolo humano quando temos o divino. No entanto, é admirável poder viver sem o conforto divino ou humano e, para a honra de Deus, suportar de bom grado esse exílio do coração, não se buscar a si mesmo em nada e nada creditando como seu próprio mérito.

Será importante se a graça o alcançar alegre e devoto? Essa hora é desejada por todos, pois aquele a quem a graça de Deus sustenta consegue caminhar com mais facilidade. Que maravilha não sentir fardo algum quando carregado pelo Todo-Poderoso e conduzido pelo Guia Supremo! Pois sempre estamos contentes por ter algo para nos confortar; somente com muita dificuldade um homem se despoja de si mesmo.

O santo mártir, Lourenço, como o seu sacerdote, conquistou o mundo porque desprezava tudo o que nele lhe parecia agradável. Por amor a Cristo, suportou com paciência que o Sumo Pontífice de Deus, Sisto, a quem ele tanto amava, fosse separado dele. Assim, por amor ao Criador, ele venceu o amor ao homem e escolheu, ao invés da consolação humana, o consentimento de Deus. Portanto, você também deve aprender a se separar de um amigo querido e muito necessário pelo amor a Deus. Da mesma forma, não fique angustiado quando um amigo o abandonar, pois, ao final, todos nós devemos nos separar um do outro.

O homem deve lutar longa e bravamente contra si mesmo até aprender a dominar-se totalmente e a dirigir todas as suas afeições para Deus. Quando ele confia em si mesmo, facilmente refugia-se no consolo humano. No entanto, o que ama a Cristo verdadeiramente, que busca sinceramente a virtude, não recorre a consolações nem busca tais prazeres dos sentidos, mas prefere provações severas e trabalhos árduos por amor a Ele.

Quando, portanto, a consolação espiritual é dada por Deus, receba-a com gratidão, mas compreenda que é um dom dele, e não mérito seu. Não exulte, não se alegre em demasia, não seja presunçoso, mas seja ainda mais humilde por essa dádiva recebida, e mais cuidadoso e ponderado em todas as suas ações, pois esta hora passará e a tentação virá na sua esteira.

Quando o consolo lhe for tirado, não se desespere imediatamente, mas espere de forma humilde e paciente pela revelação celestial, uma vez que Deus pode conceder a você consolo mais abundante. Isso não é novo

Livro 2: Exortações à vida interior

nem estranho para quem conhece os caminhos de Deus, pois essa mudança de quinhão, muitas vezes, visitava os grandes santos e profetas da antiguidade.

Assim, houve um que, quando a graça estava com ele, declarou: "Quanto a mim, dizia eu na minha prosperidade: jamais serei abalado". Mas quando a graça foi retirada, ele acrescentou o que experimentou em si mesmo: "Apenas voltaste o rosto, fiquei logo conturbado". Enquanto isso, ele não se desesperou; antes, ele orou com mais fervor ao Senhor, dizendo: "Por ti, SENHOR, clamei, ao Senhor implorei". Por fim, ele recebeu o fruto de sua oração e, testificando que foi ouvido, disse: "Ouve, SENHOR, e tem compaixão de mim; sê tu, SENHOR, o meu auxílio". E como ele foi ajudado? "Converteste", diz ele, "o meu pranto em folguedos; [...] me cingiste de alegria" (Salmo 30:6-11).

Se este é o caso com os grandes santos, nós que somos fracos e pobres não devemos nos desesperar, porque algumas vezes somos fervorosos e outras vezes frios, pois o Espírito age de acordo com a Sua vontade. Sobre isso, declarou o bendito Jó: "E cada manhã o visites, e cada momento o ponhas à prova" (Jó 7:18).

Em que posso esperar, então, ou em quem devo confiar, senão apenas na grande misericórdia de Deus e na esperança da graça celestial? Pois embora eu tenha comigo bons homens, irmãos devotos, amigos fiéis, livros sagrados, belos tratados, doces canções e hinos, tudo isso ajuda e agrada, mas muito pouco me servem quando me sinto abandonado pela graça e entregue à minha pobreza.

Nessas ocasiões, não há remédio melhor do que paciência e resignação à vontade de Deus.

Nunca conheci um homem tão religioso e devoto que não tenha experimentado, em algum momento, certa falta da graça e sentido uma diminuição do fervor. Nenhum santo foi tão sublimemente arrebatado e iluminado a ponto de não ser tentado antes e depois. Este, de fato, não é digno da elevada contemplação de Deus, se por Ele não foi provado por alguma tribulação pelo Seu amor. Pois a tentação é, geralmente, o sinal que precede a consolação que se segue, e a consolação celestial é prometida a todos aqueles que forem provados pela tentação. "Ao vencedor", diz Cristo, "dar-lhe-ei que se alimente da árvore da vida" (Apocalipse 2:7). O consolo divino, então, é dado a fim de tornar o homem mais corajoso para suportar as adversidades, e em seguida vem a tentação, para que ele não se orgulhe do bem que fez.

O diabo não dorme, e a carne ainda não está morta; portanto, você nunca deve interromper sua preparação para a batalha, porque à direita e à esquerda estão os inimigos que nunca descansam.

O que a Bíblia diz para aqueles que confiam nos homens ou na carne?
Em quem você confiou e se decepcionou?
Você precisa se arrepender por colocar suas expectativas nos homens em vez de as colocar em Deus?

Capítulo 10

GRATIDÃO PELA GRAÇA DIVINA

Por que você procura descanso se nasceu para trabalhar? Conforme-se a ser paciente, em vez de receber consolo; a carregar sua cruz, em vez de meros prazeres.

Quem neste mundo não aceitaria de bom grado a consolação e a alegria espiritual, se as pudesse ter sempre à disposição? Esses privilégios superam todas as delícias terrenas e os prazeres da carne que, na verdade, são vazios e insignificantes. Já as alegrias espirituais, nascidas das virtudes e inspiradas por Deus na mente dos puros, são verdadeiramente as únicas agradáveis e nobres.

No entanto, uma vez que a tentação está sempre por perto, a falsa liberdade de espírito e o excesso de confiança em si mesmo são sérios obstáculos para tais manifestações divinas, então ninguém nunca poderá desfrutá--las como deseja.

Deus faz bem em nos dar a graça da consolação, mas o homem faz mal em não lhe retribuir com gratidão. Assim, as ações de graças não podem fluir em nós quando somos ingratos ao Doador, quando não as devolvemos à Fonte manancial. A graça é sempre concedida àquele que é devidamente grato; e o que aos humildes é concedido, dos soberbos será tirado.

Não desejo a consolação que me prive da contrição, nem me importo com a contemplação que leva ao orgulho, pois nem tudo o que é elevado costuma ser santo, nem tudo que é agradável costuma ser bom, nem todo desejo costuma ser puro, e nem tudo o que é estimado por nós costuma agradar a Deus. Aceito de bom grado a graça pela qual me torno mais humilde e contrito, e mais disposto a renunciar a mim mesmo.

Aquele que foi ensinado pelo dom da graça, e que aprende pela angústia de sua privação, nunca ousará atribuir qualquer bem a si mesmo, mas antes admitirá sua pobreza e seu vazio. Dê a Deus o que é de Deus e atribua a si mesmo o que é seu. Agradeça a Ele, então, por Sua graça, mas coloque somente sobre você a culpa e o castigo que sua falta merece.

Sempre tome o lugar mais baixo e o mais alto lhe será dado, pois o mais alto não pode existir sem o mais baixo. Os maiores santos diante de Deus são aqueles que se consideram os menores, e quanto mais humildes são em seu espírito, mais gloriosos são. Por não desejarem vanglória, estão cheios de verdade e glória celestial. Estando

Livro 2: Exortações à vida interior

estabelecidos e fortalecidos em Deus, não podem de forma alguma ser orgulhosos. Eles atribuem a Deus todo o bem que receberam e não buscam glória um do outro, e sim a glória que vem somente de Deus. Desejam acima de todas as coisas que Deus seja louvado neles mesmos e em todos os santos — esse é seu propósito constante.

Seja grato, portanto, até pela menor dádiva e, assim, será digno de receber dádiva maior. Considere o menor favor como o maior, o mais desprezível como algo especial. E, se for olhar apenas para a dignidade do Doador, nenhuma dádiva parecerá muito pequena ou sem valor. Mesmo que Ele lhe dê castigos e tormentos, aceite-os, porque o Senhor age sempre para o nosso bem em tudo o que permite que nos aconteça.

Aquele que deseja preservar a graça de Deus deve ser grato quando ela lhe é concedida e paciente quando lhe é retirada. Ore para que ela volte, e que você seja cauteloso e humilde para não a perder.

Qual o seu motivo de agradecimento hoje? Adore a Deus por isso.

Capítulo 11

AMOR PELA CRUZ DE JESUS

Muitos são os que amam o reino celestial de Jesus, mas poucos os que querem carregar a cruz dele. Muitos são os que desejam consolo, mas poucos os que se importam com a provação. O Senhor encontra muitos para compartilhar de Sua mesa, mas poucos para participar de Seu jejum. Todos desejam ser felizes com Jesus, mas poucos desejam sofrer qualquer coisa por Ele. Muitos o seguem no ato do partir o pão, mas poucos o fazem no tomar do cálice da Sua Paixão. Muitos reverenciam os Seus milagres; poucos se aproximam da humilhação da cruz. Muitos o amam, desde que não encontrem dificuldades. Tantos o louvam e abençoam, desde que dele recebam algum conforto. No entanto, se Jesus se ausenta e os deixa por um tempo, reclamam ou caem em profundo abatimento. Aqueles, pelo contrário, que o amam por quem Ele é, e não para receber qualquer conforto próprio, louvam-no em todas as provações e angústias de coração, bem como na bem-aventurança da consolação. Mesmo se Ele nunca lhes concedesse consolo, continuariam a louvá-lo e o agradecer. Que poder há no amor puro por Jesus! É um amor livre de todo interesse e amor-próprio.

Assim, aqueles que sempre buscam consolo não merecem ser chamados de mercenários? E aqueles que sempre pensam em seu próprio proveito e ganho não provam que amam somente a si mesmos e não a Cristo? Onde se pode encontrar um homem que deseja servir a Deus sem receber nada em troca? Na verdade, raramente um homem é tão espiritual a ponto de se desapegar de todas as coisas. E quem encontrará um homem verdadeiramente pobre de espírito a ponto de ser livre de todas as criaturas? Seu valor é como o das preciosidades trazidas das terras mais distantes.

Se um homem doa toda a sua riqueza, isso não é nada; se ele faz grande penitência, é pouco; se ele obtiver todo o conhecimento, ainda estará longe; se ele tiver grande virtudes e muita devoção ardente, ainda assim faltará muito e principalmente: aquilo que é lhe mais necessário. *O que seria isso?* Que deixando tudo, ele se abandona, renuncia completamente a si mesmo e desiste de todas as afeições pessoais. E quando ele tiver feito tudo o que sabe que deve ser feito, que considere que nada fez; que faça pouco do que pode ser considerado grande; que com toda a honestidade se chame de servo inútil. Ainda assim, a própria

Livro 2: Exortações à vida interior

verdade diz: "Depois de haverdes feito quanto vos foi ordenado, dizei: somos servos inúteis" (Lucas 17:10).

Então ele será verdadeiramente pobre e despojado de espírito, e com o salmista poderá dizer: "Estou sozinho e aflito" (Salmo 25:16). Entretanto, ninguém é mais rico do que esse homem, ninguém é mais poderoso, mais livre do que aquele que sabe como deixar tudo para trás e considerar-se como o último de todos.

Você ama a cruz de Jesus?

O Senhor está pedindo para você suportar algo hoje?

O quê?

O que Ele não pediu que você carregasse; no entanto, você persiste em fazê-lo?

Capítulo 12

O MAJESTOSO CAMINHO DA CRUZ

Para muitos, esta palavra parece difícil: "...a si mesmo se negue, tome a sua cruz e siga-me" (Mateus 16:24), entretanto será muito mais difícil ouvir a palavra final: "Apartai-vos de mim, malditos, para o fogo eterno" (Mateus 25:41). Aqueles que ouvem a palavra da cruz e a seguem voluntariamente agora, não precisam temer ouvir sobre a condenação eterna no dia do julgamento. Este sinal da cruz estará nos Céus quando o Senhor vier para julgar. Então, todos os servos da cruz, que durante a vida uniram-se com Cristo crucificado, com grande confiança se aproximarão de Cristo, o Juiz.

Por que, então, você tem medo de carregar a cruz quando por meio dela pode ganhar o reino? Na cruz, está a salvação, a vida, a proteção contra os inimigos; dela emana a suavidade celestial, a força da mente, a alegria do espírito, a mais elevada virtude, a santidade perfeita. Não há salvação da alma, nem esperança de vida eterna, exceto na cruz.

Portanto, tome sua cruz e siga Jesus; assim você terá a vida eterna. Ele abriu o caminho ao carregar Sua cruz, e nela morreu por você, para que você também pudesse carregar a sua e nela desejasse morrer. Se você morrer com Ele, com Ele também viverá; e se compartilhar de Seu sofrimento, também compartilhará de Sua glória.

Ora, tudo se resume na cruz, e tudo depende de você morrer na cruz. Não há outro caminho para a vida e para a verdadeira paz interior do que o caminho da santa Cruz e da mortificação diária. Vá aonde quiser, busque o que quiser, você não encontrará um caminho mais elevado, nem menos exaltado e mais seguro do que o caminho da santa Cruz. Organize e ordene tudo de acordo com sua vontade e seu julgamento, e ainda assim você descobrirá que algum sofrimento sempre precisará ser suportado, voluntária ou involuntariamente, portanto sempre encontrará a cruz.

Ou você sentirá dor física ou passará por aflições do espírito em sua alma. Algumas vezes, Deus deixará faltar algo a você; outras vezes, será perturbado por aqueles ao seu redor; e o que é pior, muitas vezes, cansará de si mesmo. Você não pode escapar nem ser aliviado por algum remédio ou consolo, mas deve suportar enquanto Deus permitir. Ele deseja que você aprenda a suportar as provações sem consolo, e a submeter-se totalmente a Ele para que se torne mais humilde por meio do sofrimento.

Livro 2: Exortações à vida interior

Ninguém entende a paixão de Cristo de forma tão completa ou sincera como aquele que sofreu algo similar.

Portanto, a cruz está sempre pronta e o espera em todos os lugares. Não importa aonde você for, não poderá escapar dela, pois onde quer que for o seu ser o acompanha e você sempre se encontrará. Direcione o olhar para onde quiser — para cima, para baixo, para o exterior ou para o interior — e você encontrará a cruz em tudo e em todos os lugares. Você deve ter paciência se desejar ter a paz interior e merecer uma coroa eterna.

Se, de boa vontade, você carregar a cruz, ela o conduzirá à meta desejada, onde de fato não haverá mais sofrimento, e não será neste mundo. Se você a carregar de má vontade, criará um fardo para si mesmo e aumentará seu peso, embora ainda tenha de suportá-la. Se você renunciar a uma cruz, encontrará outra e talvez ainda mais pesada. Você espera escapar do que nenhum mortal jamais pode evitar? Qual dos santos não teve cruz ou provação nesta Terra? Nem mesmo Jesus Cristo, nosso Senhor, que em cada hora na Terra conhecia a dor de Sua paixão. "Assim está escrito que o Cristo havia de padecer e ressuscitar dentre os mortos [...] e [entrar] na sua glória" (Lucas 24:46,26). Então, como é que você procura outro caminho além deste, o caminho majestoso da santa Cruz?

Toda a vida de Cristo foi uma cruz e um martírio, e você busca descanso e alegria para si mesmo? Você se engana, e muito, se busca outra coisa senão sofrer, pois esta vida mortal está cheia de misérias e cruzes por todos os lados. Na verdade, quanto mais progresso espiritual uma pessoa faz, mais cruzes pesadas ela encontrará, porque à medida que seu amor aumenta, a dor de seu exílio aumenta também.

Ainda assim, tal pessoa, embora afligida de muitas maneiras, não carece da esperança de consolo, pois sabe que, por suportar a sua cruz, uma grande recompensa está por vir. E quando a carrega de boa vontade, cada golpe de sofrimento se transforma em esperança do consolo de Deus. Além disso, quanto mais a carne é angustiada pela aflição, tanto mais o espírito é fortalecido pela graça interior. Não é raro que alguém se fortaleça por amor às provações e adversidades, e em seu desejo de se conformar à cruz de Cristo, que não deseja viver sem tristeza ou sem dor, pois acredita que será mais aceitável a Deus se for capaz de suportar cada vez mais coisas penosas por amor a Ele.

É a graça de Cristo, e não a virtude do homem, que capacita e permite, pelo fervor do espírito, que a carne frágil aprenda a amar e a buscar o que naturalmente odeia e evita.

Não faz parte da natureza humana carregar a cruz, amar a cruz, castigar o corpo e subjugá-lo, abster-se de buscar honras, suportar o desprezo com alegria, desprezar a si mesmo e desejar ser desprezado, sofrer qualquer adversidade e perda, e não desejar dias prósperos na Terra. Se você confiar somente em si mesmo, não conseguirá fazer nenhuma dessas coisas; mas, se confiar no Senhor, a força do Céu será concedida a você, e o mundo e a carne estarão sujeitos à sua palavra. Você nem mesmo temerá

Livro 2: Exortações à vida interior

o seu inimigo, o diabo, se estiver fortalecido com a fé e marcado com a cruz de Cristo.

Esteja pronto, portanto, como um bom e fiel servo de Cristo, a carregar bravamente a cruz do seu Senhor, que por amor foi crucificado por você. Esteja pronto a sofrer muitas adversidades e muitos tipos de problemas nesta vida miserável, pois a vida sempre será complicada e infeliz, não importa onde você estiver; e é isso que você encontrará onde quer que se esconder. Assim deve ser; e não existe uma maneira de evitar as provações e tristezas da vida, a não ser suportá-las.

Beba com estima o cálice do Senhor, se quiser ser Seu amigo e ter parte com Ele. Deixe o consolo para Deus; permita que Ele faça o que mais o agrada. De sua parte, esteja pronto para suportar os sofrimentos e considerá-los como seu maior consolo, pois embora você deva suportar todos eles sozinho, os sofrimentos desta vida não são dignos de serem comparados com a glória que está por vir.

Quando você chegar ao ponto em que o sofrimento for doce e aceitável por causa de Cristo, considere-se afortunado, pois terá encontrado o paraíso na Terra. Mas enquanto o sofrimento o irritar e você procurar dele escapar, será infeliz, e a provação o seguirá por toda parte. Se você se concentrar nas coisas que deve considerar, isto é, no sofrimento e na morte, em breve estará num estado melhor e encontrará a paz.

Mesmo que você tivesse sido levado para o terceiro Céu com Paulo, não estaria livre de qualquer sofrimento. Jesus disse: "pois eu lhe mostrarei quanto lhe importa sofrer pelo meu nome" (Atos 9:16). Sofrer, então, continua sendo o seu destino, se você pretende amar Jesus e servi-lo para sempre.

Se você fosse merecedor de sofrer algo pelo nome de Jesus, que grande glória lhe estaria reservada, que enorme alegria para todos os santos de Deus, que grande edificação para aqueles ao seu redor! Pois todos os homens exaltam a paciência, embora haja poucos que a desejem praticar.

Então, com boas razões, quem dera você desejasse sofrer um pouco por Cristo, uma vez que muitos sofrem tanto mais pelo mundo.

Compreenda que você deve viver como um moribundo; quanto mais um homem morre para si mesmo, mais ele começa a viver para Deus.

Ninguém pode desfrutar do Céu a menos que tenha se resignado a sofrer por Cristo. Nada é mais aceitável para Deus e nada lhe é mais útil nesta Terra do que sofrer voluntariamente por Ele. Se você tivesse que fazer uma escolha, deveria preferir sofrer por Cristo do que desfrutar de muitas consolações, pois assim você seria mais semelhante a Cristo e a todos os santos. Nosso mérito e progresso não consistem em termos muitos prazeres e confortos, mas sim em perseverarmos nas grandes aflições e sofrimentos.

Na verdade, se houvesse algo melhor ou mais útil à salvação do homem do que o sofrimento, Cristo o teria demonstrado em Suas palavras e em Seus exemplos. Mas Ele aconselha, de forma clara, os discípulos que o seguem e todos os que desejam segui-lo a carregarem a cruz,

Livro 2: Exortações à vida interior

dizendo: "Se alguém quer vir após mim, a si mesmo se negue, dia a dia tome a sua cruz e siga-me" (Lucas 9:23).

Por essa razão, quando tivermos lido e estudado tudo o que foi escrito, que seja esta a conclusão final: devemos entrar no Reino de Deus por meio de muito sofrimento.

Quem é o maior exemplo de obediência e morte de si mesmo?

Quais áreas de sua vida têm requerido que você morra para si mesmo e obedeça a Deus?

Tomás de Kempis

Oração

Pai, conforta-me pensar que a vida em ti será sempre boa e que me sentirei bem, que minha versão de "bom" é a mesma que a Tua, e que uma vez que Jesus já carregou a minha cruz, eu mesmo não precisarei carregá-la. Mas isso simplesmente não é o que a Tua Palavra prometeu para aqueles que te amam. Temos a promessa de provações e sofrimentos e de circunstâncias que fogem ao nosso controle, compreensão e desejo. Porém, também nos foi prometido que o Teu Espírito está conosco hoje, agora mesmo, em meio às circunstâncias que nos chamaste para enfrentar. Então, Pai, oro ao Senhor para aumentar a minha fé. Sei que és bom e sabes todas as coisas. Também sei que me sustentarás, enquanto eu carrego as cruzes que me deste para carregar e que me capacitarás a deixar as cruzes que não me pediste para pegar. Ajuda-me a olhar para o Teu Filho, que carregou a cruz e nela morreu por todos os meus pecados para sempre. É em nome de Jesus que eu oro. Amém.

Livro 3
CONSOLAÇÃO INTERIOR

Capítulo 1

O DIÁLOGO INTERIOR DE CRISTO COM A ALMA FIEL

"Escutarei o que Deus, o Senhor, disser…".
—SALMO 85:8

Bem-aventurada é a alma que ouve a voz do Senhor em seu coração e recebe de Seus lábios uma palavra de consolo. Benditos os ouvidos que percebem o sussurro divino e que não se atentam aos murmúrios deste mundo. Bendito são os ouvidos que ouvem a verdade, não a que provém de fora, mas aquela verdade que nos ensina de nosso interior. Benditos os olhos que se fecham às coisas exteriores e se fixam nas que são interiores. Benditos os que mergulham em seu íntimo e que buscam, diariamente, preparar-se para a compreensão dos mistérios celestiais.

Bem-aventurados aqueles que anseiam dedicar seu tempo a Deus e que se isolam dos obstáculos do mundo.

Considere isso, minha alma, e feche a porta dos seus sentidos para ouvir o que o Senhor, seu Deus, fala em seu interior. "Eu sou a sua salvação", diz o Seu Amado. "Eu sou a sua paz e a sua vida. Permaneça comigo e você encontrará a paz. Dispense todas as coisas passageiras e busque o que é eterno. O que são todas essas coisas senão armadilhas? E que ajuda todas as criaturas podem dar a você se for abandonado pelo Criador?" Portanto, abandone todas essas coisas, e seja agradável e fiel ao Seu Criador para alcançar a verdadeira felicidade.

O que significa para o cristão "isolar-se dos obstáculos do mundo", mesmo estando envolvido no mundo em que vive?

Capítulo 2

A VERDADE FALA AO NOSSO INTERIOR MESMO SEM O SOM DAS PALAVRAS

O discípulo

"Fala, Senhor, porque o teu servo ouve" (1 Samuel 3:9). "Sou teu servo; dá-me entendimento, para que eu conheça os teus testemunhos" (Salmo 119:125). "Inclina-me o coração aos teus testemunhos…" (Salmo 119:36). "…destile a minha palavra como o orvalho" (Deuteronômio 32:2).

"Disseram a Moisés: Fala-nos tu, e te ouviremos; porém não fale Deus conosco, para que não morramos" (Êxodo 20:19).

Não é assim, Senhor, não é dessa maneira que oro. Em vez disso, como o profeta Samuel, rogo de modo humilde e sincero: "Fala, Senhor, porque o teu servo ouve". Não permitas a Moisés ou qualquer um dos profetas falar comigo, mas fala o Senhor, meu Deus, que inspirou e

Tomás de Kempis

iluminou todos os profetas; pois somente tu podes me instruir perfeitamente, ao passo que eles, sem o Senhor, nada podem fazer. Eles realmente proferem belas palavras, mas não podem comunicar ao espírito. Eles, de fato, falam muito bem; mas, se tu permaneceres em silêncio, eles não podem inflamar o coração. Eles entregam a mensagem; mas o Senhor desnuda o sentido. Eles revelam mistérios diante de nós; mas o Senhor desvenda o que significam. Eles declaram os mandamentos; o Senhor nos ajuda a obedecê-los. Eles indicam o caminho; o Senhor nos dá força para a jornada. Eles agem apenas externamente; o Senhor instrui e ilumina o nosso coração. Eles regam a superfície; mas o Senhor dá o crescimento.

Eles clamam com palavras; mas tu concedes entendimento ao que ouve.

Portanto, não deixes Moisés falar comigo, e sim o Senhor, meu Deus, a verdade eterna. Fala para que eu não morra sem frutificar, ao receber apenas conselhos externos, sem o avivamento interior; para que eu não seja julgado pela palavra ouvida, e não mantida; conhecida, e não amada; crida, e não obedecida.

Portanto, fala, Senhor, porque o Teu servo ouve. "Tu tens as palavras da vida eterna" (João 6:68). Fala comigo para o conforto da minha alma e para a correção da minha vida, para o Teu louvor, Tua glória e Tua honra eterna.

Você acha mais fácil ouvir a Palavra de Deus ou as palavras de homens? Por quê?

Capítulo 3

A PALAVRA DE DEUS DEVE SER OUVIDA HUMILDEMENTE, POIS MUITOS SÃO OS QUE NÃO A ESCUTAM

A voz de Cristo

Meu filho, ouça minhas palavras, palavras de grande doçura que ultrapassam todo o conhecimento dos filósofos e sábios da Terra. As minhas palavras são espírito e vida, e não devem ser interpretadas pela compreensão do homem. Não devem ser invocadas por vaidade, mas ouvidas em silêncio e aceitas com toda a humildade e com grande afeto.

O discípulo

"Bem-aventurado o homem, Senhor, a quem tu repreendes, a quem ensinas a tua lei, para lhe dares descanso dos dias maus" (Salmo 94:12-13), e para que ele não fique desolado na Terra.

A voz de Cristo

Ensinei os profetas desde o início; e até hoje continuo a falar a todos os homens. Mas muitos estão endurecidos e surdos à minha voz. A maioria dos homens escuta as palavras do mundo com mais disposição do que a Palavra de Deus. Eles estão mais dispostos a seguir o desejo de sua carne do que a boa vontade de Deus. O mundo, que promete coisas pequenas e passageiras, é servido com grande avidez. Eu prometo coisas grandes e eternas, e o coração dos homens é insensível. Quem me serve e me obedece em todas as coisas com tanto cuidado como aquele com o qual o mundo e seus senhores são servidos?

"Envergonha-te, ó Sidom, porque o mar, a fortaleza do mar, fala…" (Isaías 23:4). E se você perguntar o porquê, ouça a resposta: por um pequeno ganho, eles viajam para longe; para a vida eterna, muitos mal levantam um pé do chão. Eles buscam uma recompensa mesquinha e, às vezes, lutam vergonhosamente por uma única quantia de dinheiro. Eles não têm medo de trabalhar dia e noite por uma ninharia ou uma promessa vazia. Mas, para um bem insubstituível, para uma recompensa além da estimativa, para a maior honra e para a glória eterna, os homens evitam até mesmo a menor fadiga. Você deve se envergonhar, servo preguiçoso e queixoso, pois há pessoas consideradas

Livro 3: Consolação interior

mais ávidas pela perdição do que você pela vida, e elas se regozijam mais pela vaidade do que você pela verdade.

Às vezes, de fato, sua esperança as engana; mas minha promessa nunca engana ninguém, nem deixa aquele que confia em mim de mãos vazias. O que prometi, farei. O que eu disse, cumprirei, mas apenas àqueles que permanecerem fiéis ao meu amor até o fim. Eu sou o recompensador de todos os que são bons, aquele que aprova todos os que são devotos a mim.

Escreva as minhas palavras no seu coração e medite nelas com fervor, pois em tempos de tentação elas lhe serão muito necessárias. O que você não entender quando ler, aprenderá por revelação. Costumo manifestar-me aos meus escolhidos de duas maneiras — na tentação e no consolo. Dou a eles duas lições por dia — uma repreendendo seus vícios e a outra encorajando-os a progredir em suas virtudes. Aquele que escuta minhas palavras e as despreza, por elas será condenado no último dia.

Oração pela graça da devoção

Ó, Senhor meu Deus, tu és todo o meu bem! Quem sou eu para ousar falar contigo? Sou Teu servo mais pobre e vil, um verme abominável, muito mais miserável e desprezível do que sei ou ouso dizer. No entanto, lembra-te de mim, Senhor, porque não sou nada, nada tenho e nada posso fazer. Só tu és bom, justo e santo. Tu podes fazer, dar e preencher todas as coisas; e somente o pecador deixas de mãos vazias. Lembra-te das Tuas misericórdias e enche o meu coração com a Tua graça, tu que não permites que as Tuas obras sejam em vão. Como posso suportar esta vida de angústia, a menos que o tu me consoles com Tua misericórdia e graça? Não vires Teu rosto de mim. Não atrase Tua manifestação. Não afaste a Tua consolação para que, diante de ti, minha alma não se torne uma terra seca. Ensina-me, Senhor, a fazer a Tua vontade. Ensina-me a viver de maneira digna e humilde aos Teus olhos, pois tu és a minha sabedoria, Aquele que me conhece verdadeiramente, e sempre me conheceu, antes mesmo da criação do mundo e do meu nascimento.

Pense numa situação pessoal desafiadora em sua vida, hoje. O que a Bíblia diz sobre essa luta, pecado ou dificuldade?
Escreva as palavras de Jesus, as palavras de Seus discípulos e uma oração a respeito dessa sua situação.

Capítulo 4

CAMINHE NA PRESENÇA DE DEUS COM HUMILDADE E VERDADE

A voz de Cristo

Filho meu, caminhe diante de mim na verdade e busque-me sempre na simplicidade do seu coração. Aquele que assim o fizer estará protegido dos ataques malignos, e a verdade o libertará dos enganadores e das calúnias dos homens ímpios. Pois se a verdade o libertou, você verdadeiramente será livre e não se importará com as vãs palavras dos homens.

O discípulo

Ó, Senhor, é verdade! Peço que aconteça comigo como tu dizes. Que a Tua verdade me ensine. Que ela me proteja e me mantenha seguro até o fim. Que ela me liberte de

Tomás de Kempis

todo o interesse maligno e amor indecente, e eu andarei contigo com grande liberdade de coração.

A voz de Cristo

Vou ensinar a você as coisas que são certas e agradáveis para mim. Considere os seus pecados com grande desagrado e tristeza, e nunca pense que é alguém por causa de suas boas obras. Você é um verdadeiro pecador, sujeito a muitas paixões e enlaçado nelas. Por si mesmo, você sempre tende a nada. Você cai rapidamente e, da mesma forma, é vencido, perturbado e anulado. Você não tem nada de que possa se vangloriar, mas tem muitas coisas pelas quais deveria se considerar insignificante, pois é muito mais fraco do que possa imaginar. Portanto, não permita que nenhuma das coisas que você faz lhe pareçam grandes. Nada considere importante, precioso ou desejável, exceto o que é eterno. Permita que a verdade eterna lhe agrade acima de todas as coisas, e que sua extrema indignação sempre o desagrade. Nada tema, não despreze nada e não fuja de nada, senão de seus próprios vícios e pecados, que devem ser mais desagradáveis para você do que qualquer perda material.

Alguns homens caminham diante de mim hipocritamente. Levados por certa curiosidade e arrogância, desejam conhecer os meus segredos e compreender as elevadas coisas divinas, sendo negligentes consigo mesmos e com a própria salvação. Por causa de orgulho e curiosidade, e

Livro 3: Consolação interior

porque eu sou contra eles, esses homens geralmente caem em grandes tentações e pecados.

Tema o julgamento de Deus! Tema a ira do Todo-Poderoso! Não discuta as obras do Altíssimo, mas examine seus próprios pecados — quantas coisas más você foi capaz de fazer e quantas coisas boas você deixou de fazer por negligência.

Alguns homens depositam a devoção apenas em livros; outros em imagens; outros em sinais. Alguns apenas nos lábios têm meu nome, mas há pouco de mim em seus corações. Outros, de fato, com a compreensão esclarecida e as afeições aperfeiçoadas, anseiam constantemente as coisas eternas; não estão dispostos a ouvir falar de assuntos terrenos e é com relutância que servem às necessidades da natureza. Eles percebem o que o Espírito da verdade fala a eles: pois Ele os ensina a desprezar as coisas terrenas e amar as que são eternas, a negligenciar o mundo e a desejar diariamente o Céu.

Mesmo ciente de que Deus sabe tudo a seu respeito, quais são as maneiras pelas quais você tenta enganá-lo para que Ele acredite em algo diferente sobre seu coração ou pecado? Por que você faz isso?

Capítulo 5

O MARAVILHOSO EFEITO DO AMOR DIVINO

O discípulo

Eu te bendigo, ó Pai celestial, Pai de meu Senhor Jesus Cristo, por lembrares de mim, uma pobre criatura. Ó, Pai de misericórdia, Deus de toda a consolação, sou grato a ti pelas vezes em que me confortas, pois não sou digno de tal consolo. Eu sempre te bendigo e te glorifico com o Teu Filho unigênito e o Espírito Santo, o Paráclito, para todo o sempre.

Ah, Senhor Deus, meu santo Amado, quando entrares em meu coração, tudo o que há em meu interior se alegrará. O Senhor é minha glória e a exultação do meu coração. O Senhor é minha esperança e meu refúgio no dia da minha tribulação. Mas porque o meu amor ainda é fraco e a minha virtude é imperfeita, devo ser fortalecido e consolado por ti. Então, vem e manifesta-te a mim com

Tomás de Kempis

mais frequência, e me ensina a Tua sagrada disciplina. Liberta-me das paixões malignas e purifica meu coração de toda afeição disfuncional, para que, curado e purificado interiormente, eu possa estar apto ao amor, fortalecido para sofrer e firme para perseverar.

O amor é algo excelente! De fato, é uma bênção incomparável, pois torna mais fácil todas as dificuldades e suporta todos os problemas com serenidade. Ele carrega um fardo sem sentir seu peso e torna doce tudo o que é amargo. O nobre amor de Jesus impele a grandes feitos e desperta o desejo por aquilo que é mais perfeito. O amor tende a querer estar nas alturas e a não ser contido por nada inferior a ele. O amor deseja estar livre e separado de todas as afeições mundanas, para que sua visão interior não seja obstruída, e nem aprisionada em qualquer interesse passageiro ou vencida pelas adversidades.

Nada é mais doce do que o amor, nem mais forte, mais elevado ou mais amplo; nada é mais agradável, nada é mais completo. Não há nada melhor, no Céu ou na Terra, pois o amor tem origem em Deus e não pode descansar senão nele, que está acima de todas as coisas criadas.

Aquele que está enamorado voa, corre e se alegra; é livre e desprendido. Ele dá tudo por tudo e possui tudo em tudo, pois descansa no único Bem soberano, que está acima de todas as coisas, e de quem todo bem flui e procede. Ele não olha para o que recebe, mas sim para quem tudo lhe concede, acima de todos os bens.

Livro 3: Consolação interior

O amor, muitas vezes, não conhece limites, mas ultrapassa todas as fronteiras. O amor não sente fardo, não pensa nos problemas, tenta mais do que é capaz e não se intimida pela impossibilidade, pois acredita que pode fazer todas as coisas. Por isso, é capaz de tudo, realizando e empreendendo muito onde aquele que não ama falha e cai.

O amor é vigilante, e mesmo durante o sono, não adormece. Mesmo quando exausto, não se cansa. Quando pressionado, não se encolhe. Quando alarmado, não se deixa perturbar; mas, como uma chama viva, uma tocha acesa, força seu caminho adiante e atravessa ileso por todos os obstáculos.

Se um homem ama, ele conhecerá o som dessa voz. Pois esta cálida afeição da alma é uma alta voz alta clamando aos ouvidos de Deus dizendo: "Meu Deus, meu Amado, o Senhor é todo meu e eu sou todo Teu. Dá-me este tão grande amor, para que eu possa aprender a saborear com os lábios do meu coração como é doce amar, e como é doce ser absorvido no amor e banhar-me nele. Permite-me ser arrebatado pelo amor. Permite-me ir acima de mim mesmo com grande fervor e admiração. Permite-me cantar a canção do amor, e permite-me seguir-te, ó meu Amado, nas alturas. Que minha alma se esvaia em louvores a ti, regozijando-se de amor. Permite-me amar-te mais do que a mim mesmo e não me deixes amar a mim mesmo, exceto por Tua causa. Em ti eu amo todos aqueles que realmente te amam, como ordena a lei do amor, que de ti emana".

Tomás de Kempis

O amor é veloz, sincero, gentil, agradável e encantador. O amor é forte, paciente e fiel, prudente, longânime e destemido. O amor jamais é egoísta, pois quando uma pessoa busca a si mesma, ela perde o amor. O amor é discreto, humilde e justo. Não é instável, nem leviano, nem se apega a coisas vãs. É sóbrio e casto, firme e sereno, cauteloso em todos os sentidos. O amor é submisso e obediente aos superiores. É despretensioso e desprezível aos seus próprios olhos, mas devoto e grato a Deus; sempre confiando e esperando nele, mesmo quando está desconsolado, pois não se vive no amor sem tristeza. Aquele que não está pronto para sofrer todas as coisas e resignar-se com a vontade do Seu Amado, não é digno de ser considerado alguém que ama. Aquele que ama deve abraçar de bom grado tudo o que é difícil e amargo por causa do Seu Amado, e não deve se afastar dele por causa das adversidades.

O que ou quem você está sendo chamado ou ordenado a amar hoje?
Isso é fácil ou difícil para você? Por quê?
Como isso o faz apreciar o amor de Deus por você?

Capítulo 6

A PROVA DO VERDADEIRO AMOR

A voz de Cristo

Filho meu, você ainda não é corajoso e sábio em amar.

O discípulo

Por que, Senhor?

A voz de Cristo

Visto que por qualquer dificuldade passageira, você desiste do que começou e fica ansioso em busca de consolo.

Aquele que ama corajosamente, permanece firme nas tentações e não dá atenção às persuasões astutas do inimigo. Da mesma forma como lhe agrado na prosperidade, na adversidade não o desagrado. Aquele que sabe amar não considera tanto as dádivas daquele que ama, mas o amor daquele que a concede. Ele considera mais a boa vontade do que o valor da dádiva, e coloca Seu Amado acima de todas as coisas. Quem verdadeiramente me ama não se afeiçoa a dádiva, mas apega-se a mim, que estou acima de toda dádiva.

Nem tudo está perdido, então, se às vezes você se sente menos devoto a mim. Esse sentimento bom e doce que às vezes você tem é o efeito da graça presente e certa antecipação de seu lar celestial. Porém, você não deve se apoiar muito nisso, porque ele vem e vai. Mas lutar contra os maus pensamentos que o atacam é um sinal de virtude e de grande mérito. Portanto, não permita que fantasias obscuras o perturbem, não importa quais sejam. Apegue-se firmemente ao seu propósito e mantenha uma intenção digna para com Deus.

Não é uma ilusão quando, às vezes, você é arrebatado pelo êxtase e logo volta às loucuras habituais do seu coração. Pois esses são males que você mais sofre do que comete; e enquanto eles o desagradarem e você lutar contra eles, será uma questão de merecimento e não de perdição.

Você deve saber que o antigo inimigo tenta, por todos os meios que estão ao seu alcance, impedir o seu desejo pelo bem e desviá-lo de toda prática devocional, especialmente da meditação devota em minha Paixão e do seu firme propósito de avançar em suas virtudes. Ele sugere muitos pensamentos maus que podem levar à fadiga e aversão, para assim afastá-lo da oração e da leitura sagrada. Uma humilde confissão o desagrada e, se ele pudesse, faria você se afastar da Sagrada Hóstia.

Livro 3: Consolação interior

Não acredite no inimigo nem lhe dê ouvidos, mesmo que ele sempre crie armadilhas para enganá-lo. Quando ele sugerir coisas más e impuras, repreenda-o dizendo: "Afaste-se de mim espírito imundo! Criatura vergonhosa e miserável! Você é um ser desprezível por trazer tais coisas aos meus ouvidos. Vá embora, miserável enganador! Você não terá parte alguma de mim, porque Jesus será a minha força e você será confundido. Prefiro morrer e sofrer todos os tormentos do que concordar com você. Cale-se! Não diga mais uma só palavra! Ainda que você apresente muitos problemas para mim, não lhe ouvirei mais. 'O Senhor é a minha luz e a minha salvação; de quem terei medo?' Embora exércitos se unam contra mim, meu coração não temerá, pois o Senhor é meu Ajudador e meu Redentor".

Lute como um bom soldado, e se porventura você cair por fraqueza, levante-se com mais força do que antes, confiando em minha abundante graça, no entanto, tenha cuidado com a vã complacência e o orgulho. Muitos são levados ao erro por causa dessas falhas e, às vezes, caem em cegueira quase perpétua. Que a queda destes que orgulhosamente se vangloriam seja um alerta para você e um incentivo constante à humildade.

É mais fácil para você ouvir e dar ouvidos às palavras de Deus ou do inimigo?
Escreva algumas mentiras nas quais você acredita e o que a Bíblia diz a respeito delas.

Capítulo 7

A GRAÇA DEVE ESTAR OCULTA SOB O MANTO DA HUMILDADE

A voz de Cristo

Filho, é melhor e mais seguro para você ocultar a graça da devoção, não se exaltar por ela, não falar ou pensar muito nela e, em vez disso, humilhar-se e temer que ela esteja sendo concedida a alguém indigno dela. Não se apegue muito a essa afeição, pois ela pode rapidamente mudar para direção oposta. Ao desfrutar da graça, pense em como você é miserável e carente sem ela. Seu progresso na vida espiritual não consiste em ter a graça da consolação, mas em suportar sua ausência com humildade, resignação e paciência, para que você não fique apático na oração, nem negligencie os outros deveres que costuma fazer; mas, ao contrário, faça o que puder da melhor maneira possível e não se negligencie completamente por causa de sua aridez ou ansiedade.

Muitos, na verdade, se tornam imediatamente impacientes e preguiçosos quando as coisas não vão bem para si. O caminho do homem, entretanto, nem sempre está sob seu controle. É prerrogativa de Deus derramar graça e consolar quando Ele assim desejar, o quanto desejar e a quem Ele desejar, como agradar a Ele e nada mais.

Algumas pessoas descuidadas destruíram a si mesmas pela graça da devoção, por desejarem fazer mais do que podiam. Falharam por não levar em conta sua própria fraqueza, seguindo o desejo de seus corações ao invés do julgamento de sua razão. Então, porque presumiram coisas maiores do que agradar a Deus, rapidamente perderam Sua graça. Os que construíram suas casas no Céu tornaram-se desamparados, párias, humilhados e improdutivos, para que aprendessem a não voar com suas próprias asas, mas a confiar nas minhas.

Aqueles que ainda são novos e inexperientes no caminho do Senhor podem facilmente ser enganados e cair, a menos que se guiem pelo conselho de pessoas sensatas. Mas se eles desejam seguir suas próprias opiniões ao invés de confiar em outros que são mais experientes, estarão em perigo de um fim lamentável, a não ser que estejam dispostos a abandonar a arrogância que alimentam. Raramente os que são sábios em seus próprios conceitos suportam humildemente a orientação de outros. Ainda assim, um pouco de conhecimento humilde é melhor

Livro 3: Consolação interior

do que grandes tesouros de conhecimentos perseguidos em vã complacência. É melhor você ter pouco do que ter muito e isso se tornar uma fonte de orgulho.

Aquele que se entrega inteiramente ao prazer age de forma muito imprudente, pois se esquece do desamparo que antes vivia e do temor ao Senhor que receia perder a graça concedida. Nem é muito corajoso ou sábio aquele que fica desanimado em tempos de adversidade e dificuldade e pensa em mim com menos confiança do que deveria. Aquele que deseja estar muito seguro em tempos de paz, muitas vezes ficará abatido e temeroso em tempos de provação.

Se você fosse sábio o suficiente para permanecer sempre humilde e simples aos seus próprios olhos, e para controlar e governar bem o seu espírito, não cairia tão rapidamente no perigo e no pecado.

Quando um espírito de fervor se inflama em seu interior, você pode meditar sobre como se sentirá quando tal fervor desaparecer. Então, quando isso acontecer, lembre-se de que a luz que retirei por um tempo como um aviso para você e para minha própria glória pode voltar novamente. Essas provações costumam ser mais benéficas do que se você tivesse as coisas sempre como deseja. Pois os méritos de um homem não são medidos pelas muitas visões ou consolos que teve, ou pelo conhecimento das Escrituras, ou por estar em uma posição mais elevada do que os outros, e sim pela verdade de sua humildade, por sua capacidade para a caridade divina, por sua constância em buscar pura e inteiramente a honra de Deus, por seu desprezo por si mesmo, e mais, preferindo ser desprezado e humilhado em vez de honrado pelos outros.

De que maneiras você vê Deus diretamente estender Sua graça a você?

Quanto àqueles que estão enfrentando suas próprias lutas e pecados, você acha fácil ministrar com o espírito dessa graça? Justifique.

Capítulo 8

EM HUMILDADE DIANTE DE DEUS

O discípulo

Falarei ao meu Senhor, eu que sou pó e cinza. Se eu me considerar algo mais do que isso, eis que tu estarás contra mim e meus pecados dão testemunho da verdade que não posso contradizer. No entanto, se eu me humilhar e me reduzir a nada, se eu diminuir toda a minha autoestima e me considerar como o pó que sou, Tua graça me favorecerá e Tua luz envolverá meu coração, e toda a pouca autoestima que me resta afundará nas profundezas do meu ser e para sempre perecerá.

É aí que me mostrarás o que sou, o que fui e no que estou me tornando; pois nada sou, e não o sabia. Abandonado a minha própria sorte, sou um vazio, uma fraqueza total. Mas se o Senhor olhar para mim por um instante, ficarei forte e pleno de uma nova alegria. E que maravilha que eu seja repentinamente elevado e tão graciosamente abraçado por ti, pois com meu próprio peso sempre afundo nas profundezas.

É o Teu amor que faz isso, amparando-me graciosamente, apoiando-me em tantas necessidades, protegendo-me de tantos perigos e livrando-me, como posso afirmar, de males incontáveis. Na verdade, ao amar-me mal, me perdi; mas ao buscar apenas a ti e ao Teu verdadeiro amor, descobri a mim mesmo e a ti, e com esse amor me reduzi de forma mais profunda a nada. Por ti, ó amado Senhor, que me trata acima de todos os meus méritos e acima de tudo o que ouso esperar ou pedir.

Bendito sejas, meu Deus, pois embora eu não mereça nenhum benefício, a Tua graça e infinita bondade nunca deixam de fazer o bem, mesmo aos ingratos e distantes de ti. Converta-nos a ti, para que sejamos gratos, humildes e devotos, pois tu és a nossa salvação, a nossa coragem e a nossa força.

Você acha mais fácil concordar com Deus em Sua justiça ou justificar os erros que você comete?
Qual é a resposta de Deus a ambos? O que isso afirma sobre Ele mesmo?

Capítulo 9

TODAS AS COISAS DEVEM SER ATRIBUÍDAS A DEUS COMO FIM ÚLTIMO

A voz de Cristo

Meu filho, se você realmente deseja ser abençoado, eu devo ser o seu fim supremo e derradeiro. Com essa intenção, seus afetos, que muitas vezes são perversamente inclinados para si e às criaturas, serão purificados. Pois se você busca a si próprio em tudo o que faz, imediatamente fracassa e seu coração torna-se árido.

Portanto, direcione todas as coisas tão somente a mim, pois fui eu quem lhe concedeu todas elas. Considere tudo como advindo do bem supremo e, portanto, tudo deve ser trazido de volta a mim, a fonte absoluta de todas as coisas.

Como fonte de Água Viva, os pequenos e os grandes, os pobres e os ricos tiram de mim a água da vida e aqueles que me servem de boa vontade e com espírito voluntário, receberão graça sobre graça. Entretanto, aquele que sem mim deseja ser glorificado, ou deleitar-se em algum bem pessoal, não estará alicerçado na verdadeira alegria e não encontrará contentamento em seu coração, de fato, será oprimido e angustiado de muitas maneiras. Portanto, não atribua nenhum bem a si mesmo nem atribua virtude a qualquer pessoa, mas ofereça tudo a Deus, sem o qual o homem nada possui.

Dei tudo de mim. Tudo me será devolvido, e, uma vez mais reivindico estritamente uma retribuição de agradecimento. Esta é a verdade pela qual a vanglória é exposta.

Onde a graça celestial e a verdadeira caridade estiverem, não haverá inveja, nem timidez de coração, nem egoísmo. O amor divino tudo vence, enobrece e fortalece a alma.

Se você for realmente sábio, repousará sua alegria somente em mim, porque ninguém é bom, exceto Deus, que é louvado e bendito acima de tudo e de todas as coisas.

Você mantém um registro de suas virtudes ou das virtudes de Deus? Por quê?
Como isso afeta a maneira que você vive no dia a dia?

Capítulo 10

QUÃO SUAVE É SERVIR A DEUS QUANDO SE DESPREZA O MUNDO

O discípulo

Agora falarei novamente, Senhor, e não me calarei. Vou falar aos ouvidos do meu Deus, meu Senhor e meu Rei que está nos Céus. Como é grande, ó Senhor, a multidão de Tuas misericórdias que reservaste àqueles que te amam! Quem és tu para aqueles que te amam; para aqueles que te servem de todo o coração?

Na verdade, além do poder das palavras está a doçura da contemplação que tu, Senhor, concedes àqueles que o amam. Tu me mostraste a doçura da Tua caridade, especialmente por ter me criado quando eu ainda não existia, por ter me trazido de volta para servir-te quando eu estava muito longe de ti, por ter ordenado que eu te amasse.

Tomás de Kempis

Ó, Fonte de amor incessante, o que direi de ti? Como posso esquecer-te, se te lembras de mim mesmo depois de eu ter definhado e morrido? Tu mostraste misericórdia ao Teu servo, além de toda a esperança, e exibiste graça e amizade além do merecimento.

Como retribuirei ao Senhor por tal graça? Visto que não é permitido a todo homem abandonar todas as coisas, renunciar ao mundo e adentrar a vida religiosa. Por acaso servir ao Senhor é algum mérito, quando toda criatura deveria fazê-lo? Não deve parecer muito para mim; mas, deve parecer grande e maravilhoso que concordes em receber em Teu serviço alguém que é tão pobre e indigno. Todas as coisas são Tuas, mesmo as que tenho e pelas quais te sirvo. O Céu e a Terra que criaste para o serviço do homem estão atentos e todos os dias fazem o que tu ordenas. Mas mesmo isso é pouco, visto que o Senhor também designastes anjos para servir ao homem, porém, mais que tudo isso, o Senhor mesmo concordastes em servir ao homem e prometeste entregar-te a ele.

Como posso retribuir por todos esses milhares de benefícios? Ah! Se eu pudesse servir-te todos os dias da minha vida! Ah! Se em um único dia eu pudesse servir a ti dignamente! Verdadeiramente, o Senhor é digno de todo o serviço, toda a honra e louvor eterno. Verdadeiramente, tu és meu Senhor e eu sou Teu pobre servo, destinado a servir-te com todas as minhas forças, louvando-te sem jamais me cansar. Desejo assim proceder — esse é o meu maior anseio. Por favor, concede-me o que falta em mim.

Livro 3: Consolação interior

É uma grande honra e uma grande glória servir-te e desprezar todas as coisas por Tua causa. Aqueles que se entregam de bom grado à Tua santíssima obra, alcançarão grande graça. Aqueles que rejeitarem todos os prazeres carnais por Teu amor, encontrarão o mais doce consolo do Espírito Santo. Aqueles que entrarem no caminho estreito por Teu nome e deixarem de lado todos as preocupações terrenas, alcançarão grande liberdade de espírito.

Ó, doce e alegre serviço de Deus, que torna o homem verdadeiramente livre e santo! Ó, sagrado dever religioso, que torna o homem igual aos anjos, agradável a Deus, terrível aos demônios e digno da recomendação de todos os fiéis! Ó, serviço a ser abraçado e sempre desejado, em que o maior bem é oferecido e a alegria conquistada permanecerá para sempre!

O que a Bíblia diz que é exigido do homem?
Como o caráter de Deus liberta o homem para obedecer ao Senhor com confiança?

Capítulo 11

OS ANSEIOS DO NOSSO CORAÇÃO DEVEM SER EXAMINADOS E MODERADOS

A voz de Cristo

Filho meu, ainda há muitas coisas que você desconhece e que precisa aprender.

O discípulo

Que coisas são essas, Senhor?

A voz de Cristo

Que você molde seus desejos inteiramente de acordo com o que me agrada e não seja um amante de si mesmo, mas um sincero cumpridor da minha vontade. Os desejos frequentemente o inflamam e o levam à loucura. Porém, reflita se você age em favor da minha honra, ou para seu próprio

Tomás de Kempis

benefício. Se eu for a causa, você ficará satisfeito com o que eu ordenar. Se, por outro lado, qualquer egoísmo se esconde em você, isso o perturba e o sobrecarrega. Portanto, tome cuidado para não confiar muito em desejos preconcebidos que não têm referência a mim para não se arrepender mais tarde e ficar descontente com o que, a princípio, agradou-lhe e pareceu ser melhor. Nem todo desejo que parece bom deve ser seguido instantemente; nem todo sentimento contrário deve ser rejeitado de imediato.

Às vezes, é bom usar um pouco de moderação, mesmo em bons desejos e inclinações, para que a ansiedade não distraia o seu espírito, nem sua falta de disciplina crie escândalo para os outros, tampouco você não fique subitamente chateado e caia pela resistência alheia. Às vezes, você precisará usar de violência e resistir bravamente ao pecado e desejos da carne. Não se atente ao que a carne deseja ou deixa de desejar, mas se esforce para que ela seja submetida, ainda que pela força, ao espírito. Ela deve ser punida e forçada a permanecer em sujeição até que esteja preparada para qualquer coisa e aprenda a contentar-se com pouco, a ter prazer nas coisas simples e a não reclamar por qualquer insatisfação.

O que Tomás de Kempis quer dizer com "usar de violência e resistir bravamente ao pecado e aos desejos da carne"?
Como isso ocorre quanto ao pecado que você costuma cometer?
O que o impede de lutar contra ele?

Capítulo 12

ADQUIRINDO PACIÊNCIA NA LUTA CONTRA A CONCUPISCÊNCIA

O discípulo

Ó, Senhor Deus, muitas são as adversidades nesta vida e como a paciência é tão necessária para mim. Não importa os planos que eu faça para minha própria paz, minha vida não tem como estar livre de luta e tristeza.

A voz de Cristo

Filho meu, você está certo, mas meu desejo não é que você busque aquela paz que é livre de tentações ou de adversidades, mas sim que você considere ter encontrado a paz após ter sido atormentado por muitas tribulações e provado por muitas adversidades.

Se você disser que não pode aguentar tamanho sofrimento, como suportará o fogo do purgatório? Dos males, deve-se escolher sempre o menor. Portanto, para que você possa escapar do futuro castigo eterno, suporte agora os males presentes com paciência, por amor a Deus.

Você acha que os homens do mundo não têm sofrimento, ou que talvez sofram muito pouco? Pergunte até mesmo aos que mais apreciam os prazeres e você verá que está enganado. "Mas", você dirá, "eles desfrutam de muitos prazeres e seguem seus próprios desejos; portanto, não sentem muito seus problemas". Supondo que eles tenham o que desejam, quanto tempo você acha que isso durará? Os que prosperam no mundo perecerão como fumaça e não haverá qualquer lembrança de suas alegrias passadas. E mesmo nesta vida, eles não encontram descanso em tais prazeres sem amargura, cansaço e preocupações. Então, frequentemente recebem a punição do sofrimento justamente de onde acreditam que sua felicidade vem. E é justo, uma vez que buscam e perseguem prazeres sem propósito algum, não devem desfrutá-los sem opróbrio e amargura.

Quão breves, falsos, irracionais e vergonhosos todos esses prazeres são! Ainda assim, em sua cegueira embriagada, os homens não entendem isso, e, como animais brutos e selvagens, causam a morte da alma para o desfrute miserável de uma vida corruptível.

Portanto, filho meu, não persiga seus desejos, mas afaste-se de sua própria vontade. "Agrada-te do SENHOR, e ele satisfará os desejos do teu coração" (Salmo 37:4). Se você deseja ser verdadeiramente feliz e abundantemente

Livro 3: Consolação interior

consolado por mim, compreenda que é no desprezo por todas as coisas terrenas e na extirpação de todos os prazeres que estará a sua bênção e sua grande consolação. Além disso, quanto mais você se afastar de qualquer consolo das criaturas, muito mais do doce e inabalável conforto você encontrará em mim.

No entanto, no início, não receberá essas bênçãos sem tristeza, labuta e conflito. Um hábito já formado resistirá a você, mas será superado por um hábito melhor. A carne murmurará contra você, mas será refreada pelo fervor do espírito. A velha serpente o incomodará e provocará você, mas a oração a afastará e, por meio do trabalho útil e constante, o caminho será fechado para ela.

Nós nos afastamos das concupiscências da carne por medo da punição ou por que, em Cristo, Deus nos libertou delas?

O que fortalece sua luta contra o pecado?

De que maneira isso se alinha com o que as Escrituras ensinam?

Capítulo 13

A OBEDIÊNCIA DE UM HUMILDE SERVO AO EXEMPLO DE JESUS CRISTO

A voz de Cristo

Filho meu, quem tenta escapar da obediência, logo se afasta da graça. Da mesma forma, quem busca benefícios apenas para si perde os que são comuns a todos. Aquele que não se submete de maneira livre e voluntária ao seu Superior, demonstra que sua carne ainda não é perfeitamente obediente, mas que muitas vezes se rebela e murmura contra Ele.

Aprenda depressa, então, a submeter-se ao seu Superior se quiser dominar a sua própria carne. Pois o inimigo exterior é vencido mais rapidamente se o seu interior não estiver destruído. Não há inimigo da alma mais problemático e pior do que você mesmo, se não estiver em harmonia com o seu espírito. É absolutamente necessário que você tenha um verdadeiro desdém por si mesmo se deseja ser vitorioso sobre a carne e o sangue.

Como você ainda se ama excessivamente, tem medo de resignar-se totalmente à vontade dos outros. O que você tem de especial? É apenas pó e nada. Sujeite-se, portanto, ao homem por amor a Deus, pois eu, o Todo-Poderoso, o Altíssimo, que criei todas as coisas, não me sujeitei humildemente ao homem pelo seu bem? Eu me tornei o mais humilde e o menor de todos os homens para que você pudesse vencer seu orgulho através da minha humildade.

Aprenda a obedecer, você que é apenas pó! Aprenda a humilhar-se e a prostrar-se aos pés de cada homem, você que é apenas terra e barro! Aprenda a abrir mão de sua própria vontade, a submeter-se inteiramente! Seja zeloso contra si mesmo! Não permita que o orgulho habite em você, mas mostre-se tão humilde e pequeno que todos possam andar e pisar sobre você como o fazem ao pó das ruas!

O que você, mísero homem, tem para reclamar? Que resposta você, vil pecador, pode dar àqueles que o acusam, quando tantas vezes ofendeu a Deus e tantas vezes mereceu o inferno? Mas meus olhos o pouparam porque sua alma era preciosa para mim, para que conhecesse meu amor e sempre fosse grato pelo bem que lhe fiz, para que pudesse entregar-se continuamente

Livro 3: Consolação interior

à verdadeira sujeição e humildade, e pacientemente suportasse o desprezo.

Onde e de que forma você tem sustentado seu orgulho hoje? Por quê?

O que aconteceria se, de todas as maneiras, você decidisse obedecer humildemente às palavras de Cristo?

Capítulo 14

CONSIDERE OS JUÍZOS OCULTOS DE DEUS, PARA NÃO SE ORGULHAR DE SUAS PRÓPRIAS BOAS OBRAS

O discípulo

Tu, Senhor, trovejas sobre mim os Teus juízos. Faze todos os meus ossos estremecerem com temor e tremor, e minha alma está em grande desespero. Eu fico maravilhado ao considerar que nem os Céus são puros aos Teus olhos. Se encontraste maldade nos anjos e não os poupaste, o que será de mim? Estrelas caíram do Céu, e eu — eu que sou apenas pó —, como posso ser presunçoso? Aqueles cujas obras pareciam dignas de louvor caíram nas profundezas, e eu vi aqueles que comeram o pão dos anjos deleitando--se com a comida dos porcos.

Não há santidade, então, se retirares a Tua mão, Senhor. Não haverá sabedoria se tu deixares de guiar nem coragem se tu cessas de defender. Nenhuma castidade é segura se o Senhor não a mantém. Nossa vigilância de nada vale se a Tua santa vigilância não nos proteger. Abandonados a nós mesmos, afundamos e perecemos, mas, quando somos envolvidos por ti, nos elevamos e vivemos. Somos realmente instáveis, mas o Senhor nos torna fortes; se estamos mornos, devolve-nos o fervor.

Ó, quão humilde e desprezível devo me considerar! Quão pouco devo estimar qualquer coisa que pareça boa em mim! Quão profundamente devo me submeter aos Teus insondáveis juízos, Senhor, nos quais eu percebo que nada sou!

Ó, peso imensurável! Ó, mar intransponível onde compreendo que nada sou, absolutamente nada! Onde, então, está o esconderijo da glória? Onde pode haver qualquer confiança em minha própria virtude? Toda vanglória é absorvida pelas profundezas de Teus juízos sobre mim.

O que é toda carne aos Teus olhos? Irá o barro gloriar--se contra aquele que o formou? Como pode aquele cujo coração está verdadeiramente sujeito a Deus ser exaltado pela vanglória? O mundo inteiro não deixará orgulhoso aquele a quem a verdade se sujeitou. Nem aquele que colocou toda a sua esperança em Deus será abalado pela língua dos bajuladores. Pois os que bajulam nada são; eles

Livro 3: Consolação interior

desaparecerão com o som de suas palavras, mas a verdade do Senhor permanece para todo o sempre.

O seu temor a Deus é do tipo "temor de reverência" ou do tipo "temor por medo do inferno"? Por quê?
Como esses dois diferentes temores podem resultar em motivações diferentes para a obediência, a humildade e a adoração?

Capítulo 15

COMO DEVEMOS FALAR E AGIR ACERCA DE TUDO QUE DESEJAMOS

A voz de Cristo

Filho meu, é assim que você deve falar em todas as ocasiões: "Senhor, se isso te agrada, que assim seja. Se for para Tua honra, Senhor, que seja feito em Teu nome. Senhor, se achas que isto é bom e conveniente para mim, concede que eu possa usá-lo para Tua glória. Mas se sabes que isso será prejudicial para mim e que não trará nenhum benefício para o bem-estar de minha alma, então afasta esse desejo de mim".

Nem todo desejo vem do Espírito Santo, mesmo que pareça certo e bom. É difícil ter certeza se é um espírito bom ou mau que o leva a isso ou aquilo, e até mesmo saber se você está sendo movido pelo seu próprio espírito.

Muitos que de início pareciam guiados por um bom espírito foram enganados no final.

Tudo o que a mente vê como bom, peça e deseje com temor a Deus e humildade de coração. Acima de tudo, confie toda a situação a mim com verdadeira renúncia, e diga: "Senhor, tu sabes o que é melhor para mim; que isso seja feito de acordo com a Tua vontade. Concede o que quiseres, o quanto quiseres e quando quiseres. Faça comigo o que sabes que é melhor, como mais te agradar e como for para Tua maior honra. Coloca-me onde Tua vontade quiser e lida comigo livremente em todas as coisas. Eu estou em Tuas mãos; disponha-me conforme a Tua vontade. Sou Teu servo, pronto para obedecer em todas as coisas. Não é por mim que desejo viver, mas para o Senhor — ah, se eu pudesse fazer isso com dignidade e perfeição!".

Uma oração para que a vontade de Deus seja feita

Concede-me a Tua graça, ó misericordioso Jesus, para que ela esteja e aja em mim. Que ela permaneça comigo até o fim e que eu sempre deseje o que é mais aceitável e agradável a ti. Que a Tua vontade prevaleça sobre a minha, e que a minha vontade sempre siga a Tua e que com ela concorde perfeitamente. Que a minha vontade seja uma com a Tua no querer e em não querer, e não permita que eu deseje ou deixe de desejar nada além da Tua vontade, ó Senhor. Faze com que eu morra para todas as coisas deste mundo e, por amor a ti, seja desprezado e desconhecido nesta vida. Dá-me acima de todos os anseios, o desejo de

Livro 3: Consolação interior

descansar em ti, e que meu coração encontre paz apenas em ti. Tu Senhor é a verdadeira paz do coração. O Senhor, somente o Senhor já é o descanso. Sem ti todas as coisas são difíceis e angustiantes. Nesta paz, isto é, em ti, o Altíssimo, o Bem eterno, deito e descanso. Amém!

O que você deseja hoje?
Você pode orar as palavras de Tomás de Kempis ao seu Pai que cuida de você?

Capítulo 16

SOMENTE EM DEUS SE DEVE BUSCAR O VERDADEIRO CONFORTO

O discípulo

Tudo o que posso desejar ou imaginar para o meu próprio consolo, não procuro aqui, mas na eternidade. Pois se eu sozinho tivesse todas as consolações do mundo e pudesse desfrutar de todas as suas delícias, é certo que não durariam muito. Portanto, minha alma, você não pode usufruir de consolo total ou deleite perfeito, exceto em Deus, que consola os pobres e acolhe os humildes. Espere um pouco, minha alma, espere pela promessa divina, e você terá plena abundância de todas as coisas boas no Céu. Se você deseja muito esses bens passageiros, perderá os bens eternos e celestiais. Use as coisas terrenas, mas deseje as eternas. Você não pode ficar satisfeito com quaisquer bens passageiros visto que não foi criado para deleitar-se neles.

Mesmo se você possuísse todos os bens criados, não poderia ser feliz e abençoado; pois é em Deus, que criou todas essas coisas, que reside toda a sua bem-aventurança e felicidade — não a felicidade que é vista e elogiada pelos amantes do mundo, mas aquela pela qual os bons e fiéis servos de Cristo aguardam, e da qual a alma espiritual e pura de coração, cuja vida está no Céu, usufrui.

Inútil e breve é todo consolo humano. Mas aquilo que é recebido interiormente da Verdade é abençoado e verdadeiro. O fiel leva consigo para todo o lado o seu Consolador, Jesus, e diz a Ele: "Esteja comigo, Senhor Jesus, em todo os lugares e em todos os momentos. Que este seja meu consolo: não desejar qualquer consolo humano. E se a Tua consolação me faltar, que a Tua vontade e justa prova de mim seja o meu maior consolo. Pois o Senhor não repreende perpetuamente, nem conserva para sempre sua ira".

Todo o seu contentamento e felicidade está fundamentado em Deus?
Se não, em que está alicerçado?

Capítulo 17

DEVEMOS DEPOSITAR TODA A NOSSA INQUIETAÇÃO EM DEUS

A voz de Cristo

Filho meu, permita-me fazer o que eu quiser de ti, pois sei o que é melhor. Você pensa como um homem e sente muitas coisas conforme a afeição humana o influencia.

O discípulo

Senhor, o que dizes é verdade. Teu cuidado por mim é maior do que todo o cuidado que posso ter comigo mesmo. Pois aquele que não entrega todos os seus cuidados a ti, desprotegido está. Portanto, se a minha vontade permanecer certa e firme para contigo, Senhor, faz de mim o que te agrada. Pois tudo o que fizer comigo só pode ser bom.

Se desejas que em trevas eu permaneça, te bendirei. E se quiseres que eu esteja na luz, mais uma vez te louvarei.

Se o Senhor se inclinar para me consolar, eu o exaltarei, e se desejar que eu sofra, eu o glorificarei para sempre.

A voz de Cristo

Filho meu, é assim que você deve permanecer se deseja caminhar comigo. Você deve estar tão pronto para sofrer quanto para se alegrar. Deve estar tão disposto a ser destituído e pobre quanto rico e satisfeito.

O discípulo

Ó, Senhor, sofrerei de boa vontade por Tua causa, seja o que for que desejas me enviar. Estou pronto para aceitar de Tuas mãos tanto o bem como o mal, o doce e o amargo juntos, tristeza com alegria; e por tudo o que me acontece, sou grato. Guarda-me de todo pecado e não temerei nem a morte nem o inferno. Não me rejeites para sempre, nem risque o meu nome do Livro da Vida e, qualquer que seja a tribulação que venha sobre mim, não me fará mal.

Tomás de Kempis escreveu: "Você deve estar tão pronto para sofrer quanto para se alegrar". O apóstolo Paulo disse algo semelhante em Filipenses 4. Como essa verdade o desafia hoje?

Capítulo 18

OS SOFRIMENTOS TEMPORAIS DEVEM SER SUPORTADOS COM PACIÊNCIA, SEGUNDO O EXEMPLO DE CRISTO

A voz de Cristo

Meu filho, desci do Céu para a sua salvação e levei sobre mim todas as suas misérias, não por necessidade, mas por amor, para que aprendesse a ter paciência e a suportar os sofrimentos desta vida sem reclamar. Desde o momento do meu nascimento até a minha morte na cruz, o sofrimento não me deixou. Sofri grande falta de bens temporais, ouvi muitas calúnias contra mim, com paciência suportei a desgraça e a injúria. Por minhas bênçãos, recebi ingratidão; por meus milagres, blasfêmias; e pelos meus ensinamentos, o desprezo.

O discípulo

Ó, Senhor, como foste paciente na vida, especialmente no cumprimento do desígnio do Pai, é apropriado que eu, um pecador miserável, viva pacientemente de acordo com a Tua vontade, e, enquanto o Senhor desejar, que eu suporte o fardo deste corpo corruptível para o bem-estar de minha alma. Pois, embora esta vida presente pareça pesada, por Tua graça ela se torna valorosa, e mais preciosa e suportável para os fracos pelo Teu exemplo e pelo exemplo dos fiéis. Mas também tem mais consolo do que antes, sob a antiga lei, quando os portões do Céu foram fechados, quando o caminho para ele parecia mais escuro do que agora, e quando tão poucos se importaram em buscar o Reino eterno. Nem os justos e os escolhidos podiam entrar no Céu antes que Teus sofrimentos e Tua sagrada morte pagassem a dívida.

Ó, como devo ser grato a ti, Senhor, que mostrou a mim e a todos os fiéis o bom e correto caminho para o Teu reino eterno! A Tua vida é o nosso caminho e por Tua santa paciência nos aproximamos de ti, que é a nossa coroa. Se não tivesse nos precedido e nos ensinado, quem teria se importado em seguir-te? Ai, quantos teriam ficado para trás, se não tivessem diante dos olhos deles, o Teu santo exemplo! Veja, mesmo agora que ouvimos falar de Teus

Livro 3: Consolação interior

milagres e ensinamentos, ainda somos insensíveis; o que aconteceria se não tivéssemos essa luz para seguir a ti?

Escreva uma oração de agradecimento ao Pai por enviar Seu Filho como exemplo para nós e como o único caminho para nossa união eterna com Deus.

Capítulo 19

A VERDADEIRA PACIÊNCIA NO SOFRIMENTO

A voz de Cristo

O que você está dizendo, meu filho? Pense no meu sofrimento e no dos meus santos servos, e cesse suas queixas. Você ainda não resistiu ao derramamento de sangue. O que você sofre é muito pouco comparado com as grandes coisas que eles sofreram, pois que foram tão fortemente tentados, tão severamente perturbados, tão provados e atormentados das mais diversas maneiras. Você deve se lembrar, portanto, dos sofrimentos muito dolorosos dos outros, para que possa suportar os seus, tão pequenos, com mais facilidade. E se eles não parecem tão pequenos para você, examine se talvez sua impaciência não seja a causa de sua aparente grandeza; e sejam eles grandes ou pequenos, tente suportá-los com paciência. Quanto melhor você se dispõe a sofrer, mais sabiamente age e maior é

Tomás de Kempis

a recompensa que lhe foi prometida. Assim, você sofrerá mais facilmente se a sua mente e seus hábitos forem diligentemente treinados para isso.

Não diga: "Não posso suportar isso em tal pessoa, nem devo sofrer coisas desse tipo, pois ela me fez um grande mal. Ela me acusou de muitas coisas das quais nunca pensei. No entanto, de outra pessoa terei prazer em sofrer tanto quanto penso que deveria".

Tal pensamento é tolo, pois não leva em consideração a virtude da paciência ou Aquele que o recompensará, e sim a pessoa e a ofensa cometida. Aquele que só sofrerá o quanto lhe parecer bom e que só aceitará o sofrimento daqueles de quem tem prazer em aceitá-lo, de fato, não é paciente. Pois o homem verdadeiramente paciente não considera de quem vem o sofrimento, se é de um superior, de um igual a ele ou de um inferior, se de uma pessoa boa e santa ou de um perverso e indigno; mas não importa quão grande adversidade lhe sobrevenha, não importa quantas vezes ou de quem venha, ele a aceita com gratidão da mão de Deus, e considera isso de grande proveito. Porque para Deus, nada do que é sofrido por Sua causa, por menor que seja, pode passar sem recompensa. Esteja preparado para a luta, então, se você deseja obter a vitória. Sem luta você não pode obter a coroa da paciência, e se você se recusa a sofrer, está recusando a coroa. Mas se você deseja ser coroado, lute bravamente e resista pacientemente. Sem trabalho não há descanso e sem luta não há vitória.

Livro 3: Consolação interior

O discípulo

Ó, Senhor, permitas que o que me parece naturalmente impossível se torne possível por meio de Tua graça. Tu sabes que posso sofrer muito pouco e que rapidamente me desanimo quando surge uma pequena adversidade. Que o tormento da tribulação sofrida em Teu nome seja agradável e desejável a mim, pois sofrer e ser afligido por Tua causa é muito benéfico para minha alma.

Você é capaz de sentir verdadeira gratidão em seu sofrimento?

Pense em um homem ou uma mulher, nas Escrituras, que louvou a Deus por seu sofrimento. De que forma você pode extrair lições dos exemplos bíblicos para sua vida?

Capítulo 20

A CONFISSÃO DE NOSSA FRAQUEZA DIANTE DAS AFLIÇÕES DA VIDA

O discípulo

Vou testemunhar contra mim mesmo a minha injustiça e a ti, Senhor, confessarei a minha fraqueza.

Com frequência, pequenas coisas me entristecem e abatem. Disponho-me a agir com bravura, mas quando mesmo uma pequena tentação vem, sinto-me em grande dificuldade. Às vezes, é insignificante o que dá origem a dolorosas tentações. Quando me considero um tanto seguro e não estou esperando por isso, muitas vezes me encontro quase dominado por um leve sopro. Olha, portanto, Senhor, para minha fraqueza e fragilidade que conheces tão bem. Tem misericórdia de mim e tira-me da lama para que eu não seja dominado por ela e nem permaneça desolado para sempre.

O fato de ser tão propenso a cair e tão fraco em resistir às minhas paixões sempre me oprime e me confunde diante de ti. Embora eu não concorde totalmente com elas, ainda assim seus ataques muito me afligem, é doloroso para mim, sinto-me abatido por enfrentar tantas lutas diárias. No entanto, pelo fato de que fantasias abomináveis se precipitam sobre mim com muito mais facilidade do que partem, minha fraqueza torna-se clara para mim.

Ó, Senhor, poderoso Deus de Israel, zeloso das almas fiéis, considera o trabalho e a dor de Teu servo e ajuda-me em todos os esforços que faço! Fortalece-me com a coragem celestial para que o homem exterior, a carne miserável — contra a qual serei obrigado a lutar enquanto respirar nesta vida miserável e que ainda não se sujeitou ao espírito — não prevaleça e nem me domine.

Ai de mim! Que vida é esta, da qual as angústias e aflições nunca estão ausentes, onde todas as coisas estão cheias de armadilhas e inimigos? Pois quando um problema ou tentação se vai, outra se aproxima. Na verdade, mesmo enquanto o primeiro conflito ainda está em fúria, muitos outros eclodem inesperadamente. Como amar uma vida tão amarga, tão sujeita a tantas calamidades e desgraças? Na verdade, como pode ser chamada de vida quando gera tantas mortes e doenças? E ainda assim é amada e muitos buscam seu deleite nela.

Muitas pessoas culpam o mundo por ser falso e enganoso, no entanto, estão tão apegadas a ele visto que os desejos da carne têm grande poder. Algumas coisas as

Livro 3: Consolação interior

levam a amar o mundo, outras fazem-nas desprezá-lo. A luxúria da carne, o desejo dos olhos e a soberba da vida conduzem à afeição, enquanto as dores e sofrimentos, que são as justas consequências de tudo isso, geram ódio e desgosto pelo mundo.

O prazer vicioso domina a alma que é inclinada ao mundo. Ela pensa que há delícias sob esses espinhos, porque nunca viu ou provou a doçura de Deus ou o deleite interior da virtude. No entanto, quem despreza inteiramente o mundo e busca viver para Deus sob o domínio da sagrada disciplina, não desconhece a doçura divina prometida àqueles que verdadeiramente renunciam ao mundo. Estes veem claramente como o mundo erra gravemente, e de quantas maneiras se enganam.

Você já experimentou a doçura de Deus?
Como essa doçura o capacita a confessar suas fraquezas e lutar contra as tentações?

Capítulo 21

DEVEMOS DESCANSAR EM DEUS ACIMA DE TODAS AS BÊNÇÃOS E BENEFÍCIOS

O discípulo

Acima de todas as coisas e em todas elas, ó minha alma, descanse sempre em Deus, pois Ele é o descanso eterno dos santos.

Concede-me, ó doce e amoroso Jesus, que eu busque meu repouso em ti acima de toda criatura; acima da saúde e da beleza; acima de toda a honra e glória, de todo o poder e dignidade; acima de todo o conhecimento e saber, de todas as riquezas e artes, de toda a alegria e prazer; acima de toda a fama e louvor, de toda a serenidade e consolação; acima de toda a esperança e promessa, de todo o mérito e desejo; acima de todos os bens e favores que o Senhor possa conceder ou derramar sobre mim; acima de toda a alegria e exultação que a mente pode receber e sentir; e finalmente, acima dos anjos e arcanjos e todas as hostes celestiais; acima de todas as coisas visíveis e invisíveis; que eu jamais busque o meu repouso em algo que não seja tu acima de tudo, ó meu Deus.

Pois tu, Senhor meu Deus, és sobretudo o melhor. Só tu, Senhor, és altíssimo e Todo-Poderoso. Só tu, Senhor, és suficiente e pleno, amado e doce Consolador. Só o Senhor é o mais belo e amoroso, o mais nobre e glorioso acima de todas as coisas. Em ti está toda a perfeição que já existiu ou que existirá. Portanto, tudo o que me concedes além de si mesmo, tudo o que me revelas a respeito de si mesmo e tudo o que me prometes é muito pequeno e insuficiente se eu não te vejo e me deleito plenamente em ti. Pois meu coração não descansará nem estará plenamente satisfeito até que, elevando-se acima de todos os dons e de todas as coisas criadas, repouse em ti.[5]

Quem, ó amado esposo — Jesus Cristo, o amor mais puro, Senhor de toda a criatura — me dará as asas da verdadeira liberdade para que eu possa voar e descansar em ti? Quando me será dada plena liberdade para eu ver o quão amável tu és, ó Senhor e meu Deus? Quando me recolherei inteiramente em ti, para que, por causa do Teu amor, eu possa sentir, não a mim mesmo, mas apenas a ti acima de todos os sentidos e de todas as medidas, de uma maneira que ninguém conhece? Mas agora, muitas vezes, lamento e sofro por minha infelicidade, pois

---

[5] Santo Agostinho. *Confissões*, i.1.

muitos males me acometem neste vale de aflições, que continuamente me perturbam, deixando-me triste e me obscurecendo, muitas vezes me atrapalhando e distraindo, me seduzindo e me enredando para que eu não tenha livre acesso a ti nem usufrua dos ternos abraços que estão sempre prontos para as almas abençoadas. Que meus suspiros e incontáveis infortúnios que tenho aqui na Terra possam comover-te.

Ó Jesus, esplendor da glória eterna, consolação da alma peregrina, contigo os meus lábios não pronunciam qualquer som e o meu silêncio a ti fala. Quanto tempo meu Senhor retardarás Tua vinda? Que tu venhas ao Teu pobre servo e faça-o feliz. Estendas a Tua mão e tira-me dessa angústia. Vem, vem ó Senhor, pois sem ti não haverá dia ou hora feliz, porque Tu és minha alegria e sem ti minha mesa está vazia. Estou deprimido, como se estivesse preso e sobrecarregado por correntes, até que tu me enchas com a luz da Tua presença, restaures-me a liberdade e me mostres Teu semblante amigo. Os outros procuram o que desejam, em vez de buscarem a ti ó Senhor, quanto a mim, nada me satisfaz ou me agradará além de ti, meu Deus, minha esperança, minha salvação eterna. Não ficarei calado, não vou deixar de clamar até que a Tua graça se volte para mim e o Senhor me fale ao coração: "Eis que aqui estou. Vim para ti, porque me chamaste. Tuas lágrimas e o desejo de tua alma, tua humildade e teu arrependimento de coração me inclinaram e me trouxeram a ti".

Senhor, eu te chamei e te desejei, e estou pronto para rejeitar todas as coisas por amor a ti. O Senhor me atraiu para buscar-te. Bendito sejas, pois, Senhor, por teres mostrado esta bondade para com o Teu servo, de acordo com Tua infinita misericórdia.

O que mais resta para Teu servo dizer-te, senão humilhar-se diante do Senhor, tendo sempre em mente a própria iniquidade e vergonha? Nada entre todas as maravilhas celestiais e terrenas se compara a ti. Tuas obras são extraordinariamente boas, Teus juízos são verdadeiros e Tua providência governa todo o Universo. Que sejas louvado e glorificado, portanto, ó Sabedoria do Pai. Que meus lábios e minha alma, bem como todas as criaturas, se unam para te louvar e exaltar-te.

Você anseia pela vinda de Cristo?
Há algo que você deseja mais? Por quê?

Capítulo 22

LEMBRE-SE DAS INCONTÁVEIS BÊNÇÃOS DE DEUS

O discípulo

Abra meu coração, Senhor, para a Tua lei e ensina-me a andar no caminho dos Teus mandamentos. Permita-meentender a Tua vontade e a lembrar de Tuas bênçãos com grande reverência e consideração — todas elas e cada uma delas — e que por elas eu possa agradecê-lo dignamente. No entanto, reconheço que não posso agradecê-lo devidamente, nem mesmo pela menor de Tuas dádivas. Não sou digno dos bens e benefícios que já me deste e, quando considero a Tua generosidade, o meu espírito desfalece perante tamanha grandeza. Tudo o que temos na alma e no corpo, tudo o que possuímos em nosso interior ou exteriormente, por natureza ou pela graça, são Tuas bênçãos, e elas proclamam Tua bondade e misericórdia, da qual recebemos todas as coisas boas.

Se alguém recebe mais e outro menos, ainda assim, tudo é Teu, e sem ti nada pode ser recebido. Aquele que recebe mais não pode se vangloriar de seus próprios méritos, considerar-se acima dos outros ou comportar-se de maneira insolente com aqueles que recebem menos. Aquele que atribui menos a si mesmo e é o mais humilde e devoto em retribuir graças é realmente maior e melhor, enquanto aquele que se considera inferior a todos e se julga o menos digno é o mais apto a receber as maiores bênçãos.

Por outro lado, quem recebeu menos não deve ficar triste, impaciente ou com inveja daquele que tem em maior abundância. Em vez disso, ele deve voltar sua mente para o Senhor e oferecer-lhe o maior louvor visto que Ele concede tudo tão generosamente, tão livremente e de boa vontade, sem fazer acepção de pessoas. Todas as coisas vêm do Senhor; portanto, Ele deve ser louvado em todas as coisas. O Senhor sabe o que é bom para cada um de nós, e porque um recebe menos e o outro mais; não cabe a nós julgarmos, mas ao Senhor, que sabe avaliar os méritos de cada indivíduo.

Assim, ó Senhor Deus, considero de grande benefício não ter muitas coisas que o julgamento humano considera louváveis e gloriosas, pois quem reconhece sua própria pobreza e indignidade não deve ficar triste ou abatido por isso, mas antes consolado e completo por ti, ó Deus, que escolheste os pobres, os humildes e os desprezados neste

Livro 3: Consolação interior

mundo para serem Teus amigos e servos. A verdade disso é testemunhada pelos Teus apóstolos, a quem fizeste príncipes em todo o mundo. No entanto, eles viveram neste mundo sem reclamar, tão humildes e simples, tão livres da malícia e engano, que se alegraram até mesmo em sofrer reprovação por Teu nome e abraçar com grande afeto aquilo que o mundo abomina.

Portanto, aquele que te ama e reconhece Tuas bênçãos, de nada deve alegrar-se tanto senão em cumprir Tua vontade, e de bom grado deleitar-se em Teu decreto eterno. Com isso, ele deveria estar tão contente e consolado que deveria desejar ser o menor, mesmo que outros almejem ser os maiores; assim ele estaria tão em paz e satisfeito tanto no último lugar quanto no primeiro, e tão disposto a ser desprezado, desconhecido e esquecido, quanto a ser honrado pelos outros e ter mais fama do que eles. Ele deve preferir a Tua vontade e o amor de Tua honra a qualquer outra coisa, e isso deve confortá-lo mais do que todos os benefícios que foram, ou serão, concedidos a ele.

Faça uma lista de 20 bênçãos que Deus concedeu a você. Ao lado de cada uma delas, escreva a característica de Deus mais claramente manifesta por meio dessas bênçãos.

Capítulo 23

QUATRO ORIENTAÇÕES QUE TRAZEM GRANDE PAZ

A voz de Cristo
Meu filho, vou ensinar-lhe agora o caminho da paz e da verdadeira liberdade. Busque, meu filho, fazer a vontade alheia ao invés da sua. Sempre escolha ter menos em vez de mais. Almeje sempre o lugar mais humilde e procure ser inferior a todos. Sempre deseje e ore para que a vontade de Deus seja plenamente realizada em você. Assim, você entrará no reino da paz e do descanso.

O discípulo
Senhor, este Teu breve discurso contém a absoluta perfeição. São poucas palavras, mas repleta de significado e abundante em frutos. Certamente que se eu pudesse segui-lo fielmente, não seria perturbado tão facilmente. Pois sempre que me encontro perturbado e abatido, descubro que

me afastei de tal ensinamento. Mas o Senhor, que podes fazer todas as coisas e que amas o que é para o bem da minha alma, concede-me mais da Tua graça para que eu possa manter as Tuas palavras e alcançar a minha salvação.

Oração contra maus pensamentos

Não te ausentes de mim, ó Deus; Deus meu, apressa-te em socorrer-me, pois pensamentos variados de medos e temores surgiram dentro de mim, afligindo minha alma. Como escaparei ileso deles? Como devo dissipá-los?

"Eu irei adiante de ti", diz o Senhor, "humilharei os poderosos da Terra; abrirei as portas da prisão e revelarei a ti segredos ocultos".

Que tu faças como diz, ó Senhor, e que todos os meus pensamentos maus desapareçam diante de ti. Esta é a minha esperança e o meu único consolo: abrigar-me em ti em todas as tribulações, confiar em ti, invocar-te do fundo do meu coração e esperar pacientemente por Teu consolo.

Oração para iluminar a mente

Ilumina-me, ó bom Jesus, com o resplendor da luz interior e afasta todas as trevas que fazem morada em meu coração. Contém meus pensamentos errantes e destrói as tentações que me atacam com tanta violência. Luta destemidamente por mim e derrota essas bestas malignas — os desejos sedutores da carne — para que a paz venha por meio do Teu poder e a plenitude do Teu louvor ressoe em Teu átrio sagrado, ou seja, na consciência pura. Controla

Livro 3: Consolação interior

os ventos e as tempestades; diz ao mar: "Acalme-se", e ao vento do norte: "Não sopre", e haverá uma grande bonança.

Envia Tua luz e Tua verdade para brilhar na Terra, pois sem Tua luz que me ilumina, sou como a Terra, sem forma e vazia. Derrama Tua graça do alto, rega meu coração com o orvalho celestial. Abre as fontes da devoção para regar a Terra, para que ela produza o melhor dos frutos. Eleva meu coração pressionado pelo peso dos pecados e direciona todos os meus desejos às coisas celestiais, para que, tendo provado a doçura da felicidade eterna, não tenha prazer em pensar nas coisas terrenas.

Socorre-me e liberta-me de todo o conforto passageiro das criaturas, pois nada que tenha sido criado pode aquietar e satisfazer totalmente os meus desejos. Junta-te a mim em um elo inseparável de amor; porque só o Senhor pode satisfazer aquele que te ama, e sem ti todas as coisas são inúteis.

Neste capítulo, Tomás de Kempis mencionou quatro conselhos. Em qual deles você encontra mais alegria? Qual deles você acha mais difícil? O que Deus deseja ensinar a você por meio deles?

Capítulo 24

EVITE PERGUNTAS CURIOSAS SOBRE A VIDA ALHEIA

A voz de Cristo

Filho Meu, não seja curioso e nem se preocupe com ociosidades. Por que se importar com isso ou aquilo? Siga-me. O que importa se alguém é desse ou daquele jeito, se faz isto ou ou diz aquilo? Você não terá que responder pelos outros, mas terá que prestar contas de si mesmo. Então, por que você se intromete em assuntos alheios?

Eu conheço todos os homens e vejo tudo o que é feito debaixo do Sol, sei como as coisas estão com cada um — o que está em sua mente e em seu coração e o fim para o qual sua intenção é dirigida. Assim, entregue todas as coisas a mim e mantenha-se em paz. Permita que aquele que está perturbado fique tão inquieto o quanto quiser. Tudo o que ele disser ou fizer recairá sobre si mesmo, pois não pode me enganar.

Não se preocupe com a sombra de um grande nome, com a amizade íntima de muitos ou com a estima particular de alguém. Essas coisas causam distração e lançam grandes trevas sobre o seu coração. De boa vontade falarei minha palavra e revelarei meus segredos a você, se zelar diligentemente por meu retorno e abrir seu coração para mim. Seja prudente, então. Vigie em oração e humilhe-se em todas as coisas.

Você tem curiosidade em relação à vida de alguém?
Saber mais sobre a situação de tal pessoa o afetaria?
Justifique.
De que maneira o fato de saber que Deus vê e conhece tudo o conforta?

Capítulo 25

O FUNDAMENTO DA PAZ INABALÁVEL DO CORAÇÃO E DO VERDADEIRO PROGRESSO

A voz de Cristo

Filho meu, eu disse: "Deixo-vos a paz, a minha paz vos dou; não vo-la dou como a dá o mundo..." (João 14:27).

Todos os homens desejam a paz, mas nem todos se importam com as coisas que estabelecem a verdadeira paz. Minha paz está com os humildes e mansos de coração; tua paz estará em ter muita paciência. Se você me ouvir e seguir minhas palavras, desfrutará então de muita paz.

O discípulo

O que devo fazer, então, Senhor?

A voz de Cristo

Observe a si mesmo em todas as coisas, naquilo que você faz e nas palavras que diz. Direcione todas as suas intenções apenas para me agradar, e não deseje nada fora de mim. Não se precipite ao julgar as ações e as palavras dos outros, e nem se envolva em assuntos que não são seus. Se agir assim, pouco e raramente será perturbado.

No entanto, é incomum para esta vida nunca experimentar qualquer perturbação ou não ser afligido no coração ou no corpo, mas é comum ao estado de descanso eterno. Não pense, portanto, que você encontrou a verdadeira paz se não se sentir abatido, ou que tudo está bem porque você não sofre oposição. Não pense que tudo é perfeito se tudo acontecer como você deseja. E não se imagine grande ou se considere especialmente amado se estiver cheio de grande devoção e afeto. Pois o verdadeiro amante da virtude não é conhecido por essas coisas, tampouco consiste nisso o avanço e a perfeição de um homem.

O discípulo

Então, em que consiste, Senhor?

A voz de Cristo

Consiste em oferecer-se de todo o coração à vontade divina, em não buscar seu próprio interesse nas coisas pequenas ou nas grandes, nem nas coisas passageiras ou nas eternas, para que conserve a equidade e dê graças na

Livro 3: Consolação interior

prosperidade e na adversidade, julgando todas as coisas pela mesma luz.

Se você se tornar tão corajoso e longânime, na esperança que possa preparar seu coração para sofrer ainda mais, mesmo quando todo o consolo interior lhe for retirado; se você não se justificar como se não devesse sofrer tais coisas, mas reconhecer que sou justo em todas as obras e louvar o Meu santo nome — então você andará no correto e verdadeiro caminho da paz e poderá ter esperança de ver minha face novamente com alegria. Se você atingir o desprezo total por si mesmo, saiba que desfrutará de uma abundância de paz, tanto quanto for possível nesta vida terrena.

Qual é a fonte da sua paz?
Como a paz pode ser encontrada em meio aos conflitos
no mundo? E no conflito relacional? Conflito na igreja?
Conflito interior?

Capítulo 26

A EXCELÊNCIA DA MENTE LIVRE, OBTIDA POR MEIO DA ORAÇÃO, E NÃO PELA MERA ERUDIÇÃO

O discípulo

É a marca de um homem perfeito, Senhor, nunca permitir que sua mente se desvie da atenção às coisas celestiais, e assim passar por muitos cuidados como se não os tivesse; não como um homem indolente, mas motivado pela prerrogativa da mente livre, de modo algum nutre uma afeição desequilibrada por qualquer criatura.

Guarda-me, misericordioso Deus, peço a ti que me mantenhas longe dos cuidados desta vida, para que eu não fique demasiadamente enredado neles. Afasta-me das muitas necessidades do corpo, para que eu não seja iludido pelo prazer. Guarda-me de todas as trevas da mente, para que eu não seja vencido pelas lutas e venha a sucumbir. Eu não peço libertação daquelas coisas que a vaidade mundana deseja tão avidamente, mas daquelas misérias que, pela maldição comum da humanidade, oprimem a alma de Teu servo em condenação e o afasta da liberdade de espírito que ele, com a frequência, gostaria.

Meu Deus, doçura além das palavras, faz amargo todo o consolo carnal que me atrai para longe do amor eterno e me atrai maldosamente para si pela visão de algum bem encantador do presente. Que não me dominem, meu Deus. Não permitas que a carne e o sangue me conquistem. Que o mundo e sua breve glória não me enganem, nem o diabo me faça tropeçar com sua astúcia. Dá-me coragem para resistir, paciência para aguentar e constância para perseverar. Dá-me a unção serena do Teu Espírito em vez de todas as consolações do mundo e, no lugar do amor carnal, derrama sobre mim o amor do Teu nome.

Ademais, comer, beber, vestir-se e outras necessidades que sustentam o corpo são pesadas para a fervorosa alma. Conceda-me a graça de usar tais confortos com moderação e de não me envolver em um desejo descontrolado por eles. Não é lícito rejeitá-los completamente, pois a natureza deve ser sustentada, mas Tua santa Lei nos proíbe de exigir coisas supérfluas, bem como coisas que são simplesmente para o prazer, do contrário a carne se rebelaria contra o espírito. Por tudo isso, imploro que a

Livro 3: Consolação interior

Tua mão me guie e dirija, para que eu não caia nos excessos de forma alguma.

Sobre o que você medita com mais frequência? Isso lhe traz paz?
Cite alguns versículos bíblicos que você pode meditar com mais frequência em seu desejo de ter paz.

Capítulo 27

O AMOR-PRÓPRIO É O MAIOR OBSTÁCULO AO BEM MAIOR

A voz de Cristo

Meu filho, você deve dar tudo por todos e de forma alguma retenha algo para si mesmo. Saiba que o amor-próprio é mais prejudicial a você do que qualquer outra coisa no mundo. Na proporção do amor e da afeição que você nutre por alguma coisa, assim ela se apegará a você — para mais ou para menos. Se o seu amor for puro, simples e bem ordenado, você não será escravo de nada. Não cobice o que você não pode ter. Não possua nada que possa atrapalhar ou roubar sua liberdade interior.

É estranho que você não se comprometa a mim de todo o seu coração, junto com tudo o que você pode desejar ou possuir. Por que você está se consumindo por tristezas tolas? Por que você está cansado de cuidados desnecessários? Permaneça na minha vontade e não sofrerá qualquer perda.

Se você busca isto ou aquilo, se deseja estar neste ou naquele lugar, para ter mais felicidade e prazer, jamais descansará ou se livrará dos cuidados, pois em tudo se encontra algum defeito e em toda parte alguém o atormentará. Obter e multiplicar os bens terrenos, portanto, não o ajudará, mas desprezá-los e arrancá-los do coração, sim. E isso é válido não apenas em relação a dinheiro e riqueza, mas também em relação à ambição pela honra e pelo desejo do louvor vazio, pois lembre-se de que tudo isso passará com este mundo.

O lugar pouco importa se o espírito de fervor estiver ausente; nem a paz será duradoura se for buscada em coisas externas; se o seu coração não tem o fundamento verdadeiro, isto é, se você não está firme em mim, você pode mudar, mas não vai melhorar. Pois quando a ocasião surgir e for aceita, você encontrará aquilo do qual fugiu e ainda pior.

Oração para purificar o coração e obter sabedoria celestial

Fortalece-me pela graça do Teu Espírito Santo, ó Deus. Dá-me o poder de ser fortalecido interiormente e de esvaziar meu coração de todos os cuidados e ansiedades vãos, para que eu não seja atraído por muitos desejos, sejam eles preciosos ou banais. Que eu olhe para tudo como temporário, e para mim mesmo como quem vai passar

Livro 3: Consolação interior

com tudo, pois não há nada eterno debaixo do Sol, onde tudo é vaidade e aflição de espírito. Como é sábio quem pensa assim!

Concede-me, Senhor, sabedoria celestial para que eu aprenda a buscar-te acima de tudo, e encontrar-te e te amar mais do que qualquer coisa, e a considerar as outras coisas como de fato são, como a Tua sabedoria as ordenou. Dá-me prudência para evitar o bajulador e ser paciente com quem discorda de mim. Pois é de grande sabedoria não se comover com quaisquer palavras, nem dar ouvidos à perversa e lisonjeira sereia. Assim, devo continuar a andar com segurança no caminho que iniciei.

Você vive como se pertencesse a si mesmo? Justifique.
Cuidar de si mesmo é sempre um pecado? Por quê?
O que a Bíblia diz sobre cuidar de si mesmo?

Capítulo 28

PRUDÊNCIA DIANTE DAS CALÚNIAS

A voz de Cristo

Filho meu, não leve a sério se algumas pessoas pensam mal e dizem coisas desagradáveis sobre sua pessoa. Você deveria pensar coisas piores de si mesmo e acreditar que ninguém é mais fraco do que você. Além disso, se você caminhar no espírito, prestará pouca atenção às palavras fugazes. É muito prudente calar-se em tempos difíceis, voltar-se interiormente para mim e não se incomodar com as opiniões alheias. Não permita que sua paz dependa das palavras dos homens. O fato de pensarem bem ou mal de você não o torna diferente do que é. Onde estão a verdadeira paz e a verdadeira glória? Não estão elas em mim? Aquele que não se preocupa em agradar aos homens nem teme desagradá-los desfrutará de grande paz, pois toda

Tomás de Kempis

inquietação e distração dos sentidos surgem do amor desordenado e do medo enganoso.

> *Como você se sente quando alguém inventa alguma calúnia ou simplesmente fala de você?*
> *O que você teme?*
> *Como o exemplo de Cristo ministra a você em momentos como esses?*

Capítulo 29

COMO DEVEMOS INVOCAR E BENDIZER A DEUS NOS MOMENTOS DE TRIBULAÇÕES

O discípulo

Bendito seja o Teu nome para sempre, ó Senhor, que desejastes que essa tentação e essa angústia caíssem sobre mim. Não posso escapar delas, mas em ti vou abrigar-me, para que possas me ajudar e transformar tal adversidade para o meu bem. Agora estou perturbado, Senhor, e meu coração não está em paz, pois estou muito aflito com este sofrimento presente.

Amado Pai, o que devo dizer? Estou rodeado de aflições. Salva-me desta hora para a qual eu vim, para que tu possas ser glorificado quando eu for profundamente humilhado e liberto por ti. Livra-me, então, Senhor, pois como pobre coitado que sou, o que posso fazer ou para

Tomás de Kempis

onde irei sem ti? Dá-me paciência, Senhor, mesmo agora. Ajuda-me, meu Deus, e não terei medo, por mais angustiado que esteja.

Mas aqui, em meio a esses problemas, o que devo dizer? Que seja feita a Tua vontade, Senhor. Eu realmente mereço estar preocupado e angustiado e sei que devo suportar. Que eu possa fazer isso com paciência, até que passe a tempestade e a calmaria volte! No entanto, Tua mão onipotente pode retirar essa tentação de mim, ou enfraquecer a força dela para que eu não seja sucumbido por ela, pois tu ó Deus, minha misericórdia, muitas vezes antes já fizeste isso por mim. E quanto mais difícil for minha aflição, mais fácil será para o Senhor essa mudança da destra do Altíssimo.

O que Deus promete aos fiéis, mesmo em meio às tempestades?

Qual tempestade você está enfrentando hoje?

De que maneira você enxerga a tempestade que tem enfrentado sabendo que Deus está em Seu trono e que Ele comanda as ondas?

Capítulo 30

BUSCA POR AJUDA DIVINA E CONFIANÇA NA GRAÇA RESTABELECIDA

A voz de Cristo

Meu filho, eu sou o Senhor que lhe fortalece no dia da angústia. Venha a mim quando algo não estiver bem com você. Sua demora em se voltar à oração é o maior obstáculo ao consolo celestial, pois antes de orar sinceramente a mim, primeiro você busca muitos outros consolos e sente prazer nas coisas exteriores. Por isso, todas as coisas têm pouco proveito para você, até que perceba que eu sou Aquele que salva os que confiam em mim, e que fora de mim não há ajuda que valha a pena, ou qualquer conselho útil ou remédio duradouro.

Contudo, depois da tempestade, tenha coragem, cresça mais uma vez à luz das minhas misericórdias, pois perto estou, diz o Senhor, para restaurar todas as coisas, não apenas por completo, mas com abundância e até que estejas saciado. Por acaso existe algo que seja difícil para mim? Ou devo ser como quem promete e não age? Onde está a sua fé? Permaneça firme e persevere. Seja um homem de perseverança e coragem, e o consolo virá a você na hora certa.

Espere por mim; tão somente espere, e eu virei para lhe curar.

É apenas uma tentação que o perturba, um medo inútil que o aterroriza.

Qual é a utilidade da ansiedade em relação ao futuro? Por acaso isso não lhe traz tristezas e mais tristezas? Basta cada dia o seu próprio mal. É tolo e inútil ficar triste ou feliz com possibilidades futuras, pois talvez nunca aconteçam. Mas é próprio da natureza humana ser iludido por tais imaginações, e sinal de uma alma fraca ser induzida de maneira tão fácil por insinuações do inimigo. Pois ele não se importa se o vence por amor ao presente ou pelo medo do futuro.

Não permita seu coração se perturbar, nem deixe que ele tenha medo. Creia em mim e confia na minha misericórdia. Muitas vezes, quando você pensa que está longe de mim, estou, de fato muito mais perto de você. Quando você julga que quase tudo está perdido, muitas vezes, está no caminho de obter um grande mérito.

Nem tudo está perdido quando as coisas vão contra seus desejos. Você não deve julgar de acordo com os sentimentos presentes, nem ceder a qualquer problema que

Livro 3: Consolação interior

possa aparecer, e muito menos considerar que todas as esperanças de se libertar foram perdidas. E não se considere abandonado se eu envio algumas dificuldades passageiras ou retiro o consolo que você deseja. Esse é o caminho para o Reino dos Céus e, sem dúvida, é melhor para você e para todos os meus servos ser provado nas adversidades do que ter todas as coisas como desejam.

Conheço seus pensamentos secretos e sei que é proveitoso para a sua salvação ser deixado em desânimo, às vezes, para que não se envaideça com o sucesso e idealize ser alguém que, na verdade, não é.

O que lhe dei, posso tirar e restaurar novamente conforme minha vontade. O que eu dou continua sendo meu e, portanto, quando o tiro, não levo nada que seja seu, pois toda boa dádiva e todo dom perfeito pertencem a mim.

Se eu enviar lutas e adversidades a você, não se preocupe nem deixe seu coração se abater. Posso levantá-lo rapidamente e transformar toda a sua tristeza em alegria. Não sou menos justo e digno de muitos louvores quando o trato dessa maneira.

Se você pensa de forma correta e enxerga as coisas em sua verdadeira luz, nunca deveria ficar tão abatido e triste com as adversidades, mas sim se alegrar e ser grato, considerando que é motivo de grande alegria eu afligi-lo com tristeza e não o poupar. Eu disse aos meus discípulos: "Como o Pai me amou, também eu vos amei" (João 15:9), e, certamente, não os enviei para alegrias passageiras, mas sim para grandes lutas; não às honras, mas ao desprezo;

Tomás de Kempis

não à ociosidade, mas aos labores; não para descansar, mas para produzir muito fruto na paciência. Lembre-se dessas palavras, meu filho.

> *O que significa enxergar as coisas em sua "verdadeira luz"? Pense em um homem ou uma mulher, nas Escrituras, que enfrentou adversidades, mas fundamentou suas lutas nas verdades da Palavra de Deus.*
> *Como você consideraria os problemas de hoje à luz da Palavra de Deus?*

Capítulo 31

REJEITE TODAS AS CRIATURAS PARA ENCONTRAR O CRIADOR

O discípulo

Ó, Senhor, necessito muito de uma graça ainda maior, pois almejo chegar a um ponto em que nenhum homem ou criatura possa ser um obstáculo para mim! Enquanto algo me impedir, não posso voar livremente a ti. E desejava voar até o Senhor aquele que disse: "Quem me dera [ter] asas como de pomba! Voaria e acharia pouso" (Salmo 55:6). Quem é mais bem-aventurado do que aquele que não visa nada a não ser Deus? E quem é mais livre do que aquele que nada deseja na Terra?

Portanto, é bom ir além de toda a criação, abandonar inteiramente a si mesmo, e compreender em êxtase que o Senhor, o Criador de todas as coisas, não tem qualquer semelhança com as Suas criaturas, e que um homem não pode ocupar-se livremente das coisas divinas, a menos que seja liberto de todas essas criaturas. A razão pela qual encontramos tão poucas pessoas contemplativas é que poucos são os que sabem como se desapegar inteiramente do todas as coisas criadas e de tudo o que é transitório.

Para isso, é necessária uma grande graça, a fim de elevar a alma acima de si mesma. A menos que o homem seja elevado em espírito, livre de todas as criaturas e completamente unido a Deus, todo o seu conhecimento e suas posses são passageiros e de pouca importância. Aquele que considera qualquer coisa grande, exceto o bem que realmente é imenso, único e eterno, sempre será pequeno e permanecerá apegado às coisas terrenas. Tudo o que não é Deus é nada, e assim deve ser considerado.

Há uma grande diferença entre a sabedoria de um homem esclarecido e devoto e o conhecimento de um homem letrado e erudito, pois o conhecimento que flui de fontes divinas é muito mais nobre do que aquele arduamente adquirido pelo empenho humano.

Muitos desejam uma vida de contemplação, mas não se importam em ter atitudes que conduzem a ela. Um grande obstáculo também é estar satisfeito com sinais exteriores e coisas sensíveis e não cuidar da plena mortificação de si mesmo. Não sei o que é, ou por qual espírito somos conduzidos, ou o que pretendemos — nós que desejamos ser chamados de espirituais — quando dispendemos tanto trabalho e ansiedade ao que é transitório e insignificante,

Livro 3: Consolação interior

enquanto raramente, ou nunca, voltamo-nos com plena consciência para nossas preocupações interiores.

Infelizmente, depois de um período curto de recolhimento, vacilamos, não avaliando nossas ações por meio do escrutínio. Não prestamos atenção sobre onde estão nossas afeições, nem lamentamos o fato de que nossas ações são impuras.

Lembre-se de que, pelo fato, de todo ser vivente ter corrompido o seu caminho na Terra, o grande dilúvio seguiu. Desde então, nosso desejo interior é corrompido, portanto a ação que dele deriva, sinaliza que a fonte de nossa falta de força interior, também está corrompida. De um coração puro procede os frutos de uma vida próspera.

As pessoas costumam perguntar o quanto um homem já fez, mas pensam pouco na virtude com que ele age. Elas perguntam: "É forte? Rico? Bonito? Um bom escritor? Um bom cantor? É trabalhador?". Entretanto, falam pouco sobre o quanto ele é pobre de espírito, o quanto é paciente e manso, ou o quanto é devoto e espiritual. A natureza olha para a aparência exterior do homem, e muitas vezes erra; mas a graça se volta para o seu interior, esta confia em Deus e não se deixa enganar.

De quem é a opinião mais importante para você? Por quê?

Capítulo 32

A NEGAÇÃO DE SI MESMO E A RENÚNCIA DE TODOS OS DESEJOS

A voz de Cristo

Meu filho, você nunca poderá ser perfeitamente livre, a menos que negue completamente a si mesmo, pois todos os que buscam seus próprios interesses e que são amantes de si mesmos, estão acorrentados e presos. São inquietos pela cobiça e pela curiosidade, buscam sempre pelo caminho mais fácil e não o que vem de Jesus, muitas vezes se iludindo e apegando-se ao que é momentâneo, pois tudo o que não é de Deus perecerá.

Portanto, siga este breve e perfeito conselho: Renuncie os seus desejos e você encontrará descanso. Reflita sobre isso em seu coração e, quando o colocar em prática, compreenderá todas as coisas.

Tomás de Kempis

O discípulo

Mas isso, Senhor, não é obra de um dia, nem é mera brincadeira de criança; na verdade, toda a perfeição das pessoas religiosas está incluída neste breve conselho

A voz de Cristo

Meu filho, você não deve se afastar nem se deixar abater quando ouvir sobre o caminho daquele que é perfeito. Em vez disso, você deve se sentir estimulado em direção ao que é mais sublime, ou pelo menos ser movido a buscar a perfeição.

Eu gostaria que esse fosse o seu caso — que você progredisse até o ponto em que não fosse mais amante de si mesmo, mas simplesmente esperasse a minha ordem e a de quem coloquei como pai para você. Assim, você me agradaria muito e passaria toda a sua vida em paz e com alegria. Mas você ainda tem muitas coisas as quais deve abandonar e, a menos que as entregue inteiramente a mim, não obterá o que pede.

"Aconselho-te que de mim compres ouro refinado pelo fogo para te enriqueceres" (Apocalipse 3:18) — esta é a riqueza da sabedoria celestial que esmaga tudo o que é inferior a ela. Coloque de lado a sabedoria terrena e toda a autocomplacência humana.

Eu disse a você: Troque o que é precioso e valorizado entre os homens por aquilo que é considerado desprezível. Pois a verdadeira sabedoria celestial é esta: não ter um alto conceito de si mesmo e não buscar a glória na Terra. De

Livro 3: Consolação interior

fato, parece fútil e insignificante e está quase esquecida, já que muitos homens com seus lábios a elogiam, mas se esquivam dela em sua vida. No entanto, essa sabedoria celestial é uma pérola de grande valor que para muitos está escondida.

Você fica "inquieto pela cobiça e pela curiosidade, buscando sempre o caminho mais fácil e não o que vem de Jesus"?

Que fontes você procura em busca de facilidade, cobiça e curiosidade?

O que a Palavra de Deus diz para aqueles que buscam tais coisas?

Capítulo 33

A INQUIETAÇÃO DA ALMA E A NECESSIDADE DE DIRIGIR A DEUS NOSSO PROPÓSITO FINAL

A voz de Cristo

Meu filho, não confie em seu sentimento momentâneo, pois logo ele será substituído por outro. Enquanto você viver, estará sujeito às inconstâncias, mesmo que não queira. Em um momento você estará alegre, em outro, triste; agora em paz, e depois novamente perturbado; ora devoto e ora desanimado; hoje dedicado e amanhã preguiçoso; ora solene e outra vez irreverente.

Mas o homem que é sábio e tem o espírito bem instruído é superior a essas mudanças. Ele não dá atenção ao que sente em seu interior ou a que lado sopra o vento da inconstância; toda a intenção de seu espírito o conduz ao seu desejado e verdadeiro fim. E assim ele pode permanecer unido, imutável e inabalável, com a unicidade de sua intenção dirigida firmemente a mim, mesmo em meio a tantos acontecimentos. E quanto mais pura for essa intenção, com mais constância passará pelas muitas tempestades.

Contudo, de muitas maneiras, o olhar da intenção pura se obscurece ao ser atraído por qualquer coisa agradável que encontra. Na verdade, é raro encontrar alguém inteiramente livre de qualquer mancha de egoísmo. Os judeus da antiguidade, por exemplo, foram até Betânia para encontrar Marta e Maria, não apenas por causa de Jesus, mas para ver Lázaro.

Sua intenção, portanto, deve ser pura, para que seja única e correta; e deve ser dirigida a mim, apesar de todos os obstáculos que possam interferir nisso.

Sua alma se sente em repouso hoje?
Ela já se sentiu em repouso alguma vez?
O que ou quem é sua fonte de estabilidade?

Capítulo 34

DEUS É DOCE, ACIMA DE TODAS AS COISAS, E BENEVOLENTE EM TODAS AS COISAS PARA AQUELES QUE O AMAM

O discípulo

O Senhor é o meu Deus e o meu tudo! O que mais eu posso almejar? Que felicidade maior posso desejar? Ó doce e deliciosa Palavra! Doce, porém, apenas para aquele que ama o Senhor, e não para o mundo ou para as coisas que nele estão.

Meu Deus e meu tudo! Essas palavras bastam para quem as compreende, e para quem as ama, é uma alegria repeti-las com frequência. Pois quando o Senhor está presente, tudo é agradável; mas quando tu estás ausente, tudo se torna repugnante. É o Senhor que nos traz tranquilidade ao coração, paz e alegria festiva em abundância. É o Senhor que nos faz pensar bem em todas as coisas e louvá-lo por tudo. Sem ti nada nos agrada por muito tempo, pois se é para ser agradável e saboroso, Tua graça e o tempero de Tua sabedoria devem estar presentes. O que pode desagradar aquele cuja felicidade está em ti? E, ao contrário, o que pode satisfazer aquele cujo deleite não está em ti?

Os sábios do mundo, aqueles que desejam a carne, precisam da Tua sabedoria; visto que no mundo está a maior vaidade, e na carne, a morte. Mas aqueles que te seguem desprezando as coisas mundanas e mortificando a carne são verdadeiramente sábios, pois passaram da vaidade para a verdade, e da carne para o espírito. Para estes Deus é suficiente, e tudo o que encontram de bom nas criaturas, louvam ao Criador. Mas grande — muito grande, de fato — é a diferença entre o deleite no Criador e na criatura, na eternidade e no tempo, na Luz não criada e na luz que é refletida.

Ó Luz eterna, que supera toda luz criada, envia do alto um raio que possa iluminar os recônditos mais íntimos do meu coração! Purifica, alegra, ilumina e vivifica meu espírito com todos os Teus poderes, para que ele se apegue a ti em êxtase de alegria. Quando chegará àquela hora feliz e desejada, em que poderás preencher-me com a Tua presença e, entre todas as coisas, tornares-te tudo para mim? Enquanto isso não for concedido a mim, minha alegria não será completa.

Livro 3: Consolação interior

A velha natureza, infelizmente, ainda vive em meu interior. Ela ainda não foi totalmente crucificada; ainda não está totalmente morta. Ela ainda deseja fortemente contra o espírito e não deixa o reino da minha alma em paz. Mas tu, Senhor, que dominas a fúria do mar e acalma o movimento das ondas que contém, levanta-te em meu auxílio! Dispersa os povos que se deleitam na guerra; esmaga-os à Tua vista. Mostra-me, eu imploro, Tuas obras maravilhosas, e que a Tua destra seja glorificada, porque para mim não há outra esperança ou refúgio senão em ti, Senhor, meu Deus.

Você tem experimentado a doçura de Deus em sua vida? De que forma?

Capítulo 35

NESTA VIDA, NÃO HÁ SEGURANÇA CONTRA A TENTAÇÃO

A voz de Cristo

Meu filho, nesta vida você nunca estará seguro e, enquanto viver, sempre precisará usar as armas espirituais. Você vive entre os inimigos e está sujeito a ataques de todos os lados. Portanto, se não se proteger com o escudo da paciência, não permanecerá ileso por muito tempo.

Além disso, se você não colocar seu coração firmemente em mim, com genuína vontade de sofrer tudo por minha causa, você não será capaz de suportar o calor desta batalha ou de ganhar a coroa dos bem-aventurados. Você deve, portanto, passar por tudo bravamente e se opor, com firmeza em suas mãos, a tudo o que estiver em seu caminho. O maná celestial é concedido àquele que triunfa, mas ao negligente e preguiçoso em lutar, resta apenas a miséria.

Se você busca descanso nesta vida, como alcançará o descanso eterno? Não esteja, portanto, preparado para descansar bastante, e sim para ter muita paciência. Busque a verdadeira paz, não nas coisas terrenas, mas nas celestiais; não nos homens ou em outras criaturas, mas somente em Deus. Por amor a Ele, você deve enfrentar tudo com alegria, todo o serviço e sofrimento, tentações e provas, ansiedades, fraquezas, necessidades, injúrias, calúnias, repreensões, humilhações, confusões, correções e desprezos. Pois tudo isso contribui para a virtude, são as provações do soldado de Cristo, que formam a coroa celestial. Por uma pequenina obra darei uma recompensa eterna, e por uma turbulência temporária, terá a glória perpétua.

Você acha que sempre terá consolos espirituais como deseja? Meus santos nem sempre os tiveram. Em vez disso, eles sofreram muitas aflições, tentações de vários tipos e grande desolação. No entanto, eles enfrentavam suas tribulações com paciência, colocavam sua confiança em Deus e não em si mesmos, cientes de que os sofrimentos do tempo presente não podem ser comparados com a glória a ser revelada. E você, deseja ter rapidamente o que outros conseguiram depois de muitas lágrimas e de árduo trabalho?

Espere pelo Senhor, lute com bravura e tenha ânimo. Não perca a fé. Não volte atrás, mas dedique seu corpo e

Livro 3: Consolação interior

sua alma constantemente à glória de Deus. Irei recompensá-lo plenamente e em todas as provações estarei com você.

Você busca paz em coisas terrenas? Conseguiu encontrá-la em algum lugar?
Para onde você se volta quando busca a paz e não consegue encontrá-la?

Capítulo 36

O ENGANOSO JULGAMENTO DOS HOMENS

A voz de Cristo

Filho Meu, confie firmemente no Senhor e não tenha medo do julgamento dos homens quando a consciência lhe disser que você foi justo e inocente. É bom, e muito proveitoso, sofrer tais coisas, e estas não pesarão muito no coração humilde que confia em Deus mais do que em si mesmo. Muitos são os homens que falam demais, portanto, pouca fé deve ser depositada neles.

Igualmente, é impossível satisfazer a todos. Embora Paulo tenha tentado agradar a todos no Senhor e tenha feito de tudo para com todos, pouco se importou com o julgamento dos homens. Ele trabalhou incansavelmente para a edificação e salvação de outros, fez tudo o que podia, e mesmo assim não pôde evitar de ser, muitas

Tomás de Kempis

vezes, julgado e desprezado por eles. E assim entregou tudo a Deus que sabe de todas as coisas, e se defendeu com paciência e humildade contra as línguas daqueles que falavam injustamente, que pensavam coisas tolas e mentirosas, ou que faziam acusações contra ele. Na verdade, às vezes ele respondia, mas apenas para que seu silêncio não escandalizasse os fracos.

Quem é você, então, para ter medo do homem mortal? Hoje ele existe, amanhã voltará ao pó e já não será mais lembrado. Tema a Deus e não terá medo dos terrores dos homens. O que alguém pode fazer a você com qualquer palavra ou injúria? Ele prejudica a si mesmo ao invés de você, e não importa quem seja, não poderá escapar do julgamento divino. Portanto, mantenha o Senhor diante de seus olhos, e não dê importância a palavras mentirosas.

E se parecer que você está em desvantagem e que sofre uma vergonha imerecida, não se lamente nem diminua sua recompensa com a impaciência. Em vez disso, olhe para o Céu, para mim, que tenho o poder de livrá-lo de toda desgraça e injúria e retribuir a todos segundo suas obras.

Você tenta buscar a aprovação dos homens? Por quê?
E se você obtivesse a aprovação dos homens, o que
ganharia com isso?

Capítulo 37

A PURA E COMPLETA RENÚNCIA DE SI MESMO PARA OBTER A LIBERDADE DO CORAÇÃO

A voz de Cristo

Meu filho, negue a si mesmo e você me encontrará. Desista de sua vontade própria, de suas posses, e você sempre ganhará. Pois quando você negar a si mesmo irrevogavelmente, maior graça lhe será concedida.

O discípulo

Quantas vezes, Senhor, devo negar a mim mesmo? E em que devo renunciar-me por completo?

A voz de Cristo

Sempre, a cada hora, tanto nas coisas pequenas quanto nas grandes, escolha-me acima de tudo. Eu desejo que você seja despojado de si em todas as coisas. Pois, como pode, de outra forma, você ser meu e eu seu, a menos que esteja despojado de sua própria vontade, tanto interior quanto exteriormente? Quanto mais cedo você fizer isso, melhor será para você; e quanto mais plena e sinceramente o fizer, mais me agradará e maior será seu o ganho.

Alguns negam-se a si mesmos, mas com reservas; eles não confiam totalmente em Deus e, portanto, tentam se sustentar. Outros, inicialmente, oferecem tudo, mas depois são assaltados pela tentação e voltam ao que renunciaram, não fazendo qualquer progresso na virtude. Estes não alcançarão a verdadeira liberdade de um coração puro, nem a graça de uma feliz intimidade comigo, a menos que primeiro façam uma total renúncia e um sacrifício diário de si mesmos, pois sem isso não há e nem haverá união frutífera.

Já lhe disse muitas vezes, e agora o digo novamente: Abandone-se, negue a si mesmo e você desfrutará de grande paz interior. Oferte tudo por todos, não peça nada, não exija nada em troca. Confie puramente e sem hesitação em mim, e me possuirá. Você estará livre de coração e as trevas não o dominarão.

Esforce-se, ore e deseje isto: ser despojado de tudo o que possui, estar completamente desprovido para me seguir, morrer para si mesmo e viver para sempre por mim. Então, todas as vãs imaginações, as perturbações e os cuidados supérfluos desaparecerão. O medo

Livro 3: Consolação interior

exagerado também o deixará, bem como o amor tumultuoso morrerá.

O que você tem medo de perder? Por quê?
O que aconteceria se você realmente se anulasse
completamente e se esvaziasse para Cristo?

Capítulo 38

O BOM PROCEDER EM ASSUNTOS EXTERNOS E A BUSCA POR DEUS EM MOMENTOS DE PERIGO

A voz de Cristo

Meu filho, você deve se esforçar diligentemente para ser interiormente livre, para ter domínio sobre si mesmo em todos os lugares, em cada ato exterior e atividade, para que todas as coisas sejam submetidas a você e não o contrário, que você seja o mestre e o senhor de suas ações, não um escravo ou um mero servo contratado. Você deveria ser antes um homem livre e verdadeiro hebreu, elevando--se ao *status* e à liberdade dos filhos de Deus que estão acima das coisas presentes para contemplar aquelas que são eternas; que olham com discernimento para o que é passageiro e para o que é eterno; a quem as coisas temporais não atraem a ponto de se apegar a elas, mas que, antes, colocam essas coisas em seu devido lugar, conforme ordenado e instituído por Deus, que nada deixa desordenado em Sua criação.

Se, da mesma forma, em cada acontecimento você não se contenta simplesmente com as aparências, e se não considera com olhos carnais as coisas que vê e ouve, mas, seja qual for o caso, entra como Moisés no tabernáculo para pedir conselho ao Senhor, ouvirá, muitas vezes, a resposta divina e retornará instruído sobre muitas coisas presentes e futuras. Pois Moisés sempre recorria ao tabernáculo a fim de obter a solução de dúvidas e questões que careciam de solução, e sempre se retirava para orar e para conseguir apoio diante dos perigos e más ações dos homens. Portanto, você também deve se refugiar no átrio secreto de seu coração, clamando sinceramente pela ajuda divina.

Por esse motivo, conforme lemos, Josué e os filhos de Israel foram enganados pelos gibeonitas por não buscarem primeiro o conselho do Senhor, e confiarem demais em belas palavras; assim foram enganados pela falsa piedade.

Neste mundo, você sente com mais frequência o caos ou a paz?
O que a Bíblia diz sobre Deus, caos e ordem?

Capítulo 39

A ATENÇÃO DEMASIADA EM SUAS PRÓPRIAS OCUPAÇÕES DEVE SER EVITADA

A voz de Cristo
Meu filho, entregue sempre sua causa a mim e eu mesmo a julgarei em seu devido tempo. Espere a minha orientação a respeito e será de grande benefício para você.

O discípulo
Senhor, é de bom grado que entrego todas as coisas a ti, já que minha ansiedade pouco pode me ajudar. Mas gostaria de não estar tão preocupado com o futuro e, em vez disso, entregar-me sem reservas à Tua vontade.

A voz de Cristo

Filho meu, muitas vezes acontece de um homem buscar ardentemente algo que deseja e, então, quando o alcança, muda de ideia; pois o sentimento não permanece fixo em uma mesma coisa, induzindo-o de uma coisa a outra. Portanto, não é pouco para um homem abandonar a si próprio, mesmo nas coisas que são muito pequenas.

O verdadeiro progresso de um homem consiste em negar a si mesmo, e aquele que consegue fazê-lo está verdadeiramente livre e seguro. O antigo inimigo, porém, colocando-se contra todo o bem, nunca cessa de tentar, tramando armadilhas dia e noite para lançar os ingênuos na rede do engano. "Vigiai e orai", diz o Senhor, "para que não entreis em tentação" (Mateus 26:41).

Reflita sobre algo que você deseja. Você acredita que isso lhe trará paz?

O que você desejou certa vez, acreditando que isso lhe traria paz, mas, quando Deus lhe concedeu, você ainda se sentiu insatisfeito?

O que você acredita que isso diz sobre você?

E sobre Deus?

Capítulo 40

O HOMEM NÃO TEM NADA DE BOM EM SI MESMO E DE NADA PODE SE VANGLORIAR

O discípulo

Senhor, "que é o homem, que dele te lembres? E o filho do homem, que o visites?" (Salmo 8:4). O que o homem mereceu para que o Senhor lhe desse da Tua graça? Que motivo eu tenho para reclamar, Senhor, caso me abandones? Ou que objeção posso ter caso não concedas o que peço? Na verdade, apenas posso pensar e dizer: "Senhor, nada sou, nada posso, nada tenho de bom, sou carente de todas as coisas e sempre estou inclinado para o nada. E a menos que eu tenha Tua ajuda e seja interiormente fortalecido por ti, o desânimo e ociosidade me consomem".

Mas o Senhor é sempre o mesmo; eternamente permanece, sempre bom, reto e santo, fazendo todas as coisas

Tomás de Kempis

da forma correta, justa e santa, e dispondo-as com sabedoria. No entanto, eu estou mais propenso a regredir do que progredir, e nem sempre permaneço muito tempo no mesmo estado, pois mudo como as estações. Ainda assim, minha condição melhora rapidamente quando agrado a ti e tu estendes Tua mão amiga. Somente tu, e mais ninguém, podes me ajudar e me fortalecer de tal maneira que meu coração não mude mais, e possa ser convertido para descansar unicamente em ti. Então, se eu soubesse como deixar de lado todo consolo humano, seja para obter devoção ou por causa da necessidade que me obriga a buscar somente a ti, por não ter quem me console, então poderia merecidamente esperar por Tua graça e regozijar-me com a dádiva de um novo consolo.

Graças a ti de quem todas as coisas procedem, e fonte das minhas bonanças. A Tua vista nada sou, apenas uma mera vaidade, um homem fraco e instável. Portanto, do que posso me vangloriar ou como posso desejar ser dignamente considerado? Pelo nada que faço? Isso também seria totalmente vão. Na verdade, a maior vaidade é um grande mal, uma glória vazia, visto que ela afasta as pessoas da verdadeira glória e rouba a graça celestial. Pois quando um homem está satisfeito consigo mesmo, ele desagrada a ti; quando ele anseia por elogios humanos, é privado da verdadeira virtude. A verdadeira glória e a santa exultação, na verdade, consistem em glorificar-se em ti e não em si mesmo, regozijar-se em Teu nome, e não na própria virtude, em nada se deleitar exceto no Teu amor.

Livro 3: Consolação interior

Que o Teu nome, e não o meu, seja louvado. Que a Tua obra seja exaltada, e não a minha. Bendito seja o Teu santo nome, e que nenhum louvor humano me seja dado. Tu és a minha glória e a alegria do meu coração. Em ti me glorificarei e me alegrarei todos os dias, e por mim mesmo não me vangloriarei em nada além de minhas fraquezas.

Que os judeus busquem a glória que vem de outro, pois eu buscarei o que vem somente de Deus. Toda glória humana, toda honra temporal, toda posição terrena é pura vaidade e tolice comparada à Tua glória eterna. Ó, Senhor, minha verdade, minha misericórdia, meu Deus, ó Santíssima Trindade, somente a ti seja dado louvor e honra, poder e glória, por todos os séculos.

Você deseja glória para si mesmo? Por quê?
Quando você se vangloria de si mesmo, ou quando os outros o fazem por você, qual é a sua reação?

Capítulo 41

DESPREZO POR TODA HONRA DESTE MUNDO

A voz de Cristo

Filho Meu, não se entristeça se você vir outros sendo honrados e promovidos, enquanto você é desprezado e humilhado. Eleve o seu coração a mim no Céu, e o desprezo que sofre dos homens na Terra não o entristecerá.

O discípulo

Senhor, estamos cegos e somos rapidamente atraídos pela vaidade. Se eu me examinar bem, nenhuma criatura jamais me causou danos; portanto, não tenho nada para reclamar. Mas pequei muitas vezes e de maneira grave contra ti; portanto, toda criatura se arma contra mim. A confusão e o desprezo devem justamente ser atribuídos a mim, mas ao Senhor são devidos louvor, honra e glória. E a menos

Tomás de Kempis

que eu, com sinceridade de coração, prepare-me para ser desprezado e abandonado por todas as criaturas, a fim de ser considerado como absolutamente nada, não posso ter paz e força interior, nem posso ser iluminado espiritualmente ou totalmente unido a ti.

Pense numa situação em que você sente que foi esquecido ou desonrado.
Escreva uma oração de agradecimento e adoração a Deus à luz de tal situação.

Capítulo 42

A PAZ NÃO DEVE SER DEPOSITADA EM HOMENS

A voz de Cristo

Meu filho, se você depositar sua paz em qualquer pessoa por causa da intimidade que tem com ela ou pelo simples convívio, você sempre estará inquieto e enredado. Mas se recorrer à verdade eterna e duradoura, você não sofrerá se um amigo falecer ou abandoná-lo. O seu amor por seus amigos deve estar alicerçado em mim e, por minha causa, você deve amar quem parece ser bom e é muito querido para você nesta vida. Sem mim, a amizade não tem força e não pode durar. O amor no qual eu não sou o laço não é verdadeiro nem puro.

Você deve, portanto, estar morto para tais afeições humanas a ponto de desejar, tanto quanto depender de você, permanecer sem nenhum relacionamento humano.

Tomás de Kempis

O homem se aproxima de Deus na proporção em que se afasta de todo consolo terreno. E ele eleva-se cada vez mais alto a Deus à medida que desce para dentro de si mesmo e fica mais vil aos seus próprios olhos. Aquele que atribui qualquer bem a si mesmo impede a graça de Deus de adentrar em seu coração, pois a graça do Espírito Santo busca sempre o coração humilde.

Se você soubesse como se anular completamente e se esvaziar de todo o amor pelas criaturas, eu transbordaria em você com grande graça. Ao olhar para as pessoas, a visão do Criador é tirada de você. Aprenda, portanto, a vencer a si mesmo em todas as coisas por amor àquele que o criou. Então você será capaz de atingir o conhecimento divino. Mas qualquer coisa que, por menor que seja, for amada e considerada de maneira desordenada, corromperá a alma e afastará o bem supremo de você.

O que a Bíblia diz sobre aqueles que depositam sua confiança em si mesmos e no homem?
Cite algumas áreas de sua vida em que você confiou em sua própria força ou em outros.
Você tem desfrutado de grande alegria e confiança em Jesus como resultado?

Capítulo 43

CUIDADO COM O CONHECIMENTO SUPÉRFLUO E MUNDANO

A voz de Cristo

Meu filho, não permita que as belas e sutis palavras dos homens o enganem, porque o reino de Deus não consiste em palavras, mas em poder. Atenda antes de tudo às minhas palavras, que incendeiam o coração e iluminam a mente, que despertam arrependimento e transbordam em consolações. Nunca leia a Palavra com o propósito de parecer mais instruído ou mais sábio. Empenhe-se a mortificar seus vícios, pois isso o beneficiará muito mais do que a compreensão sobre muitas questões difíceis.

Embora você tenha lido e aprendido muitas coisas, sempre será necessário retornar a este único princípio: Eu sou aquele que ensina o conhecimento ao homem e aos pequenos dou entendimento mais claro do que aquele que o homem possa ensinar. Aquele com quem eu falo logo será sábio e sua alma se beneficiará. Mas ai daqueles que buscam sanar suas curiosidades nos homens e muito pouco se importam com a maneira como me servem.

Chegará o tempo em que Cristo, o Mestre dos mestres, o Senhor dos anjos, aparecerá para ouvir as lições de todos — isto é, examinar a consciência de todos. Então, Ele vasculhará Jerusalém com lanternas, e as coisas ocultas nas trevas serão trazidas à luz e as objeções dos homens serão silenciadas.

Eu sou Aquele que, em um instante, ilumina a mente humilde e o faço compreender mais da verdade eterna do que poderia ter sido aprendido por 10 anos nas escolas. Eu ensino sem confusão de palavras ou conflito de opiniões, sem ambição por honra ou tumulto de argumentos.

Eu sou aquele que ensina o homem a desprezar as coisas terrenas e a detestar as atuais, a buscar as eternas, a ter fome do Céu, a não buscar honras e a suportar escândalos, a colocar toda esperança em mim, a não desejar nada além de mim e a me amar ardentemente acima de todas as coisas. Pois certo homem, por me amar intimamente, aprendeu verdades divinas e delas falou maravilhas. Ele lucrou mais abandonando todas as coisas do que estudando questões supérfluas.

Para alguns, falo de coisas comuns; para outros, de assuntos especiais. Para alguns apareço com doçura em sinais e visões; para outros, apareço com grande luz e revelo mistérios. A voz dos livros é sempre a mesma, mas

Livro 3: Consolação interior

não ensina a todos os homens da mesma forma, porque eu sou o Mestre e a Verdade, Aquele que ensina interiormente, o que sonda os corações, o que examina os pensamentos, o promotor das ações, o que distribui a cada um conforme meu querer.

Em que ou em quem você busca sabedoria ou conhecimento?
É pecado buscar sabedoria ou conhecimento em outras fontes?
Como seria para você moldar a sabedoria humana à sabedoria de Deus?

Capítulo 44

AFASTE-SE DAS PREOCUPAÇÕES COM AS COISAS EXTERIORES

A voz de Cristo

Filho meu, há muitos assuntos sobre os quais é bom ignorar e se considerar alguém que está morto na Terra, que está crucificado para tudo o que é mundano. Também há muitas coisas pelas quais é bom passar despercebido, priorizando o que é importante para a sua paz. É mais proveitoso afastar-se das coisas que o desagradam e deixar cada um com a sua opinião, do que tomar parte em conversas conflituosas. Se você se manter em paz com Deus e compreender Seu julgamento, será mais fácil suportar ser considerado inferior.

Tomás de Kempis

O discípulo

Ó, Senhor, a que situação chegamos? Eis que lamentamos uma perda temporal, trabalhamos e nos preocupamos por um pequeno ganho, enquanto a perda da alma é esquecida e, às vezes, recordamo-nos dela muito tarde. Damos a nossa atenção ao que tem pouco ou nenhum valor, ao passo que negligenciamos aquilo que é de maior necessidade — tudo porque o homem entrega-se totalmente às coisas exteriores. E, a menos que ele se retire prontamente, estará voluntariamente imerso nelas.

> *Que "coisa exterior" é mais importante em sua mente e em seu coração hoje?*
> *Diante disso, ore e peça ao Pai de todas as boas dádivas que faça a vontade dele e lhe dê paz.*

Capítulo 45

O HOMEM NÃO É DIGNO DE CONFIANÇA, MUITO MENOS SUAS PALAVRAS

O discípulo

Senhor, concede-me ajuda em minhas necessidades, pois o auxílio do homem é inútil. Quantas vezes deixei de encontrar fidelidade em lugares nos quais pensei que a possuía! E quantas vezes a encontrei onde menos esperava! Vã, portanto, é a esperança nos homens, e a salvação dos justos está em ti, ó Deus. Bendito seja o Teu nome, Senhor meu Deus, em tudo o que nos acontecer.

Somos fracos e instáveis, rapidamente nos enganamos e mudamos. Quem é capaz de se proteger com tanto rigor e cuidado, de modo que nunca caia em engano ou perplexidade? Aquele que confia no Senhor e o busca com um coração simples, não cairá tão facilmente. E se alguma dificuldade vier sobre ele, não importa o quão emaranhado esteja, ele será rapidamente liberto e consolado por ti, pois tu não abandonas aquele que em ti espera.

Raro é o amigo que permanece fiel durante todos os sofrimentos de seu amigo. Somente tu Senhor és inteiramente fiel em todas as coisas e não há ninguém fiel igual a ti.

Ó, quão sábia é aquela alma santa que declarou: "Meu espírito está firmado e alicerçado em Cristo". Se assim fosse comigo, o medo humano não me causaria ansiedade tão facilmente, nem me perturbariam os dardos de suas palavras. Mas quem pode prever todas as coisas e prevenir-se contra todos os males? E se o que prevemos, muitas vezes nos ferem, imaginem o quanto gravemente pode nos ferir as que são imprevisíveis! Por que, na verdade, não tomei mais cuidado? Por que mantive minha fé nos outros de maneira tão fácil? Somos apenas homens, de fato, nada mais do que homens fracos, embora muitos chamem e acreditam que sejamos anjos.

Em quem devo colocar minha fé, Senhor? Em quem, senão em ti? Tu és a verdade que não engana e não pode ser enganada. Todo homem, por outro lado, é mentiroso, fraco, instável e propenso a errar, especialmente nas palavras, de modo que não se deve acreditar tão rápido até mesmo naquilo que parece, à primeira vista, soar verdadeiro. Quão sábia foi a Tua advertência para que tivéssemos cuidado

Livro 3: Consolação interior

com os homens; que os inimigos do homem são os da sua própria casa; que não devemos acreditar se alguém disser: "Ele está aqui", ou "Veja, ele está lá".

Com muito custo fui ensinado e espero que isso tenha me tornado mais sábio, e não mais tolo. "Cuidado", eles dizem, "tenha cuidado e guarde para si o que eu digo!". Então, enquanto fico calado, por acreditar que o assunto é secreto, quem me pede o silêncio não pode calar-se a si mesmo, mas imediatamente trai a mim e a si mesmo e segue seu caminho. Protege-me, ó Senhor, de armadilhas desse tipo e de homens tão descuidados, para que eu não caia em suas mãos e nem nesses caminhos. Coloca na minha boca palavras verdadeiras e constantes, e mantém longe de mim a língua astuta, pois o que não estou disposto a sofrer, devo evitar por todos os meios.

Como é bom e de grande paz calar-se sobre os outros, não acreditar prontamente em tudo o que é dito, nem o que se ouviu levar adiante de forma imprudente, mas revelar-se a poucos, buscar-te sempre como Aquele que sonda os corações, e não ser levado por qualquer vento de palavras, mas desejar que todas as coisas, dentro e fora de nós, sejam feitas de acordo com a Tua vontade.

Como é propício para a manutenção da graça celestial não desejar o olhar dos homens, não buscar coisas externas que parecem causar admiração, mas seguir com a maior dedicação aquelas que trazem fervor e correção à vida! Quantos foram prejudicados por terem sua virtude conhecida e elogiada tão apressadamente! E como foi verdadeiramente benéfico quando a graça permaneceu oculta durante esta frágil vida, que é de constante lutas e tentação!

Reflita sobre um momento em que você nutriu expectativas acerca de uma determinada pessoa, mas ela falhou em atender o conceito que você tinha dela.
O que a Bíblia diz sobre colocar nossa esperança ou nossas expectativas em pessoas?
Na próxima vez que surgir uma oportunidade de colocar suas expectativas em uma pessoa, o que você deve fazer?

Capítulo 46

CONFIE EM DEUS QUANDO O CALUNIAREM

A voz de Cristo

Filho meu, permaneça firme e confie em mim. Pois o que são palavras senão palavras? Elas voam, mas não ferem uma pedra. Se você for culpado, pense em como você se corrigiria de bom grado. Mas se você não está ciente de qualquer falha, pense que deve suportar isso por amor a Deus. É pouco para você suportar algumas palavras de vez em quando, visto que ainda não é forte o suficiente para suportar golpes mais severos.

E por que essas pequenas questões o atingem? Por que você ainda é carnal e dá mais atenção aos homens do que deveria? Você não deseja ser reprovado por suas faltas e busca abrigo em desculpas, pois tem medo de ser desprezado. Assim, olhe para dentro de si mesmo de maneira mais profunda, e perceberá que o mundo ainda está vivo em você, bem como o desejo inútil de agradar as pessoas. Pois quando se esquiva de ser humilhado e confrontado por suas falhas, fica claro que não é verdadeiramente humilde nem está completamente morto para o mundo, e que o mundo não está crucificado em seu viver.

Ouça a minha Palavra, e você não valorizará as dezenas de milhares de palavras humanas. Veja, se todas as coisas maliciosas que pudessem ser inventadas fossem pronunciadas contra você, que mal elas poderiam fazer? E se você ignorasse tudo e não desse a mínima atenção assim como faz com a grama cortada? Poderiam ao menos arrancar um fio de cabelo de sua cabeça?

Aquele que não guarda seu coração dentro de si e que não tem Deus diante de seus olhos, é facilmente abalado por uma palavra de depreciação. Aquele que confia em mim, por outro lado, e que não deseja permanecer por seu próprio julgamento, estará livre do medo por causa dos homens. Pois eu sou o Juiz e Aquele que conhece todos os segredos. Eu sei como tudo acontece. Sei quem causa os ferimentos e quem os sofre. De mim procedeu essa palavra, e com minha permissão aconteceu, para que muitos corações e pensamentos pudessem ser revelados. Eu julgarei o culpado e o inocente; mas de antemão, por um julgamento secreto, desejei experimentar ambos.

O testemunho do homem muitas vezes engana, mas o meu julgamento é verdadeiro — ele permanecerá e não será modificado. Ele está oculto a muitos e é conhecido apenas por alguns. No entanto, nunca está errado e não

Livro 3: Consolação interior

pode ser enganado, embora não pareça certo aos olhos dos insensatos.

Portanto, você deve recorrer a mim a fim de tomar todas as decisões, não dependendo do seu próprio julgamento. Pois o homem justo não será incomodado, não importa o que Deus permita que lhe aconteça. Mesmo que uma acusação injusta seja feita contra ele, não será abalado. Tampouco exultará em vão se por outros for justamente absolvido. Ele sabe que sou eu quem sonda o coração e os pensamentos mais íntimos dos homens, aquele que não julga de acordo com as aparências humanas. O que o julgamento dos homens considera louvável, muitas vezes, é digno de culpa aos meus olhos.

O discípulo

Ó, Senhor, Deus, justo Juiz, forte e paciente, que conheces a fraqueza e a depravação dos homens, sejas minha força e toda a minha confiança, pois a minha própria consciência não me basta. Tu Senhor conheces a minha limitação e, portanto, devo me humilhar sempre que sou acusado e suportar pacientemente. Perdoa-me em Tua misericórdia, por todas as minhas falhas a esse respeito, e concede-me mais uma vez a graça de uma paciência maior. Melhor para mim é obter o perdão e a Tua abundante misericórdia do que a justiça que imagino para defender os segredos de minha consciência. E embora eu não esteja consciente de nenhuma falta, não posso assim me justificar, porque sem

Tomás de Kempis

a Tua misericórdia nenhum ser vivo será justificado aos Teus olhos.

Pense em uma situação em que você caluniou alguém. Faça uma oração de arrependimento e, se apropriado, vá até essa pessoa e peça perdão a ela.

Capítulo 47

TODAS AS PROVAÇÕES DEVEM SER SUPORTADAS EM PROL DA VIDA ETERNA

A voz de Cristo

Filho Meu, não consinta que os sofrimentos que você assumiu por minha causa o assolem, e não deixe que os problemas, de qualquer fonte, o derrubem; mas em tudo permita a minha promessa fortalecê-lo e consolá-lo. Sou capaz de recompensá-lo além de todos os meios e medidas.

Você não sofrerá aqui por muito tempo, nem será sempre oprimido pelas tristezas. Espere um pouco e verá um rápido final dos seus males. Chegará a hora em que todo o sofrimento e os problemas não existirão mais. Tudo o que passa com o tempo é trivial.

Tudo que você fizer, faça com excelência. Trabalhe fielmente na minha vinha, pois eu serei sua recompensa.

Escreva, leia, cante, lamente, mantenha-se em silêncio, ore e suporte as adversidades com paciência. A vida eterna vale todas essas batalhas e outras ainda maiores. A paz virá em um dia conhecido pelo Senhor, e então não haverá dia ou noite como agora, mas sim luz perpétua, brilho infinito, paz duradoura e repouso seguro. Então você não dirá: "Quem me livrará do corpo desta morte?", nem lamentará: "Ai de mim, porque minha peregrinação é prolongada", pois a morte será banida e a inabalável redenção prevalecerá. Não haverá qualquer ansiedade, mas bendita alegria, doce e nobre companhia.

Se você pudesse ver as coroas eternas dos santos no Céu e a grande glória na qual eles agora se regozijam — aqueles que já foram considerados desprezíveis neste mundo e, por assim dizer, indignos da própria vida —, certamente se humilharia imediatamente até o pó, preferindo ser submisso a todos, do que liderar sequer uma pessoa. Você tampouco desejaria os dias agradáveis desta vida; mas sim, estaria feliz em sofrer pela causa divina, visto que é o seu maior ganho ser considerado como nada entre os homens.

Ah, se essas coisas o atraíssem e penetrassem profundamente em seu coração! Como ousaria reclamar, uma vez que fosse? Não devem todas as provações ser suportadas em prol da vida eterna? Na verdade, a perda ou o ganho do Reino de Deus não é pouca coisa.

Portanto, eleve o seu semblante ao Céu. Contemple a mim e a todos os meus santos servos. Eles tiveram grandes provações nesta vida, mas agora se regozijam. Eles

Livro 3: Consolação interior

estão consolados, seguros e em repouso; e permanecerão comigo por toda a eternidade no reino de meu Pai.

O que você está suportando hoje?
Como a Palavra de Deus refere-se às suas provações?

Capítulo 48

O DIA DA ETERNIDADE E AS AFLIÇÕES DESTA VIDA

O discípulo

Ó, abençoada mansão da cidade celestial! Ó, dia mais radiante da eternidade, cuja noite não obscurece, mas que a suprema verdade sempre ilumina! Ó dia, sempre alegre, sempre seguro, o qual jamais deixará de ser! Como desejo que este dia resplandeça e que todas essas coisas passageiras terminem! Ele envolve e resplandece todos os santos servos com seu brilho celestial, mas para nós, errantes na Terra, parece distante e se mostra através de um espelho. Os cidadãos do Céu sabem o quanto esse dia é alegre, mas os exilados filhos de Eva lamentam a amargura e o tédio dos seus.

De fato, os dias desta vida são curtos e maus, cheios de tristeza e angústia. Aqui o homem está contaminado por muitos pecados, aprisionado em muitas paixões, escravizado por muitos medos e oprimido por muitos cuidados. Ele é distraído por muitas curiosidades e cativo em muitas vaidades, cercado por muitos erros e desgastado por muitos trabalhos, oprimido pelas tentações, enfraquecido pelos prazeres e atormentado pelas necessidades.

Ó, Senhor, quando esses males findarão? Quando estarei liberto da miserável escravidão de tais vícios? Quando, Senhor, pensarei somente em ti? Quando me alegrarei totalmente em ti? Quando estarei livre de obstáculos, em verdadeira liberdade, livre de todas as queixas da mente e do corpo? Quando haverá uma paz genuína, imperturbável e segura, paz interior e paz exterior, paz garantida em todos os sentidos? Ó, bom Jesus, quando poderei vê-lo? Quando poderei contemplar a glória do Teu reino? Quando o Senhor será tudo em tudo para mim? Quando estarei contigo em Teu reino, que desde toda a eternidade preparaste para os Teus amados?

Estou abandonado pobre e exilado em uma terra hostil, onde todos os dias testemunha guerras e grandes desgraças. Consola-me em meu exílio, ameniza a minha tristeza. Todo o meu desejo é para ti. Qualquer consolo que este mundo me ofereça é um fardo para mim. Desejo deleitar-me em ti intimamente, mas não consigo. Desejo apegar-me rapidamente às coisas celestiais, mas as coisas temporais e as paixões não mortificadas me assolam. Desejo estar acima de todas as coisas, mas contra meu querer, sou forçado pela carne a me sujeitar a elas.

Livro 3: Consolação interior

Assim, luto comigo, infeliz por ser um fardo para mim mesmo, pois, enquanto meu espírito procura elevar-se, minha carne, ao contrário, arrasta-me para baixo. Ó, que sofrimento eu sinto em meu íntimo quando considero as coisas celestiais; quando oro, uma multidão de pensamentos carnais se precipita sobre mim!

Ó, meu Deus, não te afastes de mim e não te retires do Teu servo com ira. Emana adiante a Tua luz e dispersa as trevas; lança Tuas flechas para que os fantasmas do inimigo fujam. Abriga meus sentidos em ti e me faz esquecer todas as coisas mundanas. Concede-me a graça de rejeitar todas as imaginações malignas e desprezá-las. Ajuda-me, ó verdade celestial, para que nenhuma vaidade possa me desestruturar. Vem, doçura celestial, e que toda a impureza se afaste de Tua face.

Perdoa-me também e tem misericórdia de mim, sempre que, em minhas orações, eu pensar em qualquer coisa além de ti. Pois confesso que sou muito distraído. Muitas vezes, não estou onde fisicamente estou; em vez disso, estou onde meus pensamentos me levam. Onde estão meus pensamentos, lá estou; e, geralmente, meus pensamentos estão naquilo que amo. O que naturalmente me encanta, ou me agrada pelo hábito, vem a mim rapidamente. Por isso, o Senhor, que é a própria verdade, disse claramente: "Porque, onde está o teu tesouro, aí estará também o teu coração" (Mateus 6:21). Se amo o Céu, penso de boa vontade nas coisas celestiais. Se amo o mundo, regozijo-me em seus prazeres e me aflijo com seus problemas. Se amo a carne, geralmente imagino o que é da carne. Se amo o espírito, tenho prazer em pensar em assuntos espirituais. Estou disposto a falar e ouvir sobre tudo o que eu amo.

Bem-aventurado o homem que por amor de ti, ó Senhor, se desprende de todas as criaturas. Que é radical à sua própria natureza, crucifica os desejos da carne com o fervor do espírito para que, com a consciência serena, possa oferecer uma oração pura a ti e, se desapegando de todas as coisas terrenas em seu interior e exterior, torna-se digno de integrar o coro celestial.

Quando você pensa no que suporta hoje e reflete na eternidade com Cristo, como este último o ajuda a enfrentar as lutas diárias?
O que a Palavra de Deus diz sobre as provações terrenas de hoje?

Capítulo 49

O DESEJO DA VIDA ETERNA E AS GRANDES RECOMPENSAS PROMETIDAS AOS QUE LUTAM

A voz de Cristo

Meu filho, quando você sentir o desejo da felicidade eterna derramado do alto sobre você, e quando desejar sair do tabernáculo do corpo para poder contemplar minha glória sem a ameaça da mudança, abra bem o seu coração e receba a sagrada inspiração com toda a sua força. Agradeça profundamente à bondade celestial que o trata de maneira tão compreensiva, que o envolve com tanta misericórdia, que o anima com tanto fervor e o sustenta com tanto poder para que sob seu próprio peso você não caia nas coisas terrenas. Mas não pense que você obtém isso por seu próprio pensamento ou esforço, mas sim pela benignidade da graça celestial e consideração divina. E o propósito disso é para que você avance em virtude e com maior humildade, que se prepare para as provações futuras, que se esforce para se apegar a mim com todo o amor do seu coração e me sirva com fervorosa vontade.

Filho meu, muitas vezes, o fogo está queimando, porém, a chama não sobe sem fumaça. Da mesma forma, os desejos de alguns ardem em direção às coisas celestiais e, ainda assim, não estão livres das tentações da afeição carnal. Portanto, não é totalmente para a pura honra de Deus que eles agem quando suplicam a Ele com tanta veemência. Esse é também frequentemente seu desejo, o qual você profere ser tão genuíno. No entanto, tudo que está associado ao interesse próprio não pode ser puro e perfeito.

Peça, então, não o que é agradável e conveniente para você, mas o que é aceitável para mim e para a minha honra, porque se você julgar corretamente, resta-lhe preferir e seguir a minha vontade, e não o seu próprio desejo ou o que quer que possa almejar.

Conheço seus anseios e ouvi seus frequentes suspiros. Você anseia estar na liberdade da glória dos filhos de Deus. Você já deseja as delícias do lar eterno, a pátria celestial que está cheia de alegria. Mas essa hora ainda não chegou. É outro tempo, um tempo de guerra, de trabalho e de provação. Você deseja ser preenchido com o bem mais elevado, mas não pode alcançá-lo agora. Eu sou esse bem soberano. Espere por mim, até que venha o Reino de Deus.

Livro 3: Consolação interior

Você ainda deve ser provado na Terra e treinado em muitas coisas. Às vezes, o consolo será concedido a você, mas não a completa plenitude. Portanto, seja forte e corajoso, tanto para fazer quanto para sofrer o que é contrário à natureza.

É necessário que você se revista do novo homem e seja, de fato, transformado em "nova criatura". Muitas vezes será preciso fazer coisas que não deseja e renunciar àquelas que deseja. O que agrada aos outros será bem-sucedido; mas o que agrada você, não. As palavras de outros serão ouvidas; o que você disser será considerado como nada. Outros pedirão e receberão; você pedirá e nada receberá. Outros ganharão grande fama entre os homens; sobre você nada será dito. A outros será confiado fazer isto ou aquilo; você será julgado inútil. Com tudo isso, a sua natureza às vezes ficará triste, e será muito valioso se você suportar essa tristeza em silêncio. Pois dessas e de muitas maneiras semelhantes, o servo fiel do Senhor deve esperar ser provado, para ver até que ponto ele pode negar a si mesmo e mortificar-se em todas as coisas.

Não há quase nada em que você precise tanto morrer para si mesmo como ver e sofrer coisas que são contra a sua vontade, especialmente quando as coisas que são ordenadas parecem inconvenientes ou inúteis. Então, porque você está sob autoridade e não ousa resistir ao poder superior, parece difícil se submeter à vontade de outra pessoa e desistir totalmente de sua própria opinião.

Tomás de Kempis

Mas considere, meu filho, o fruto dessas labutas, quão logo elas terminarão e quão grandemente serão recompensadas, e você não ficará triste por elas, pois sua paciência receberá o mais forte consolo. Pois em vez da pequena vontade que agora prontamente desiste, você sempre terá a sua vontade realizada no Céu. Lá, de fato, você encontrará tudo o que deseja. Lá, terá a posse de todos os bens, sem medo de perdê-los e sua vontade estará para sempre unida à minha. Não desejará nada fora de mim e nada para si mesmo. Lá ninguém se oporá nem se queixará de você, ninguém o impedirá e nada ficará em seu caminho. Tudo o que você deseja estará presente, suprindo seu querer e satisfazendo-o ao máximo. Lá eu lhe darei glória pela ofensa que sofreu aqui; pela tristeza que enfrentou, lhe darei uma veste de louvor; e pelo lugar mais servil, um lugar eterno no Reino. Lá o fruto da obediência aparecerá, a obra do arrependimento se regozijará e a humilde submissão será gloriosamente coroada.

Portanto, curve-se humildemente, sob a vontade de todos, e não dê ouvidos a quem disse isso ou ordenou aquilo. Mas que use do seu cuidado especial quando algo lhe for exigido, ou mesmo insinuado, seja por um superior, um subalterno ou um igual, que você aceite isso com bom ânimo e tente honestamente cumpri-lo. Permita que uma pessoa busque isso, e outra aquilo. Deixe que um se glorie nisso, outro naquilo, e que sejam exaltados milhares de vezes. Mas, quanto a você, não se alegre nem em um nem no outro, mas apenas no desprezo de si mesmo e na minha

Livro 3: Consolação interior

vontade e honra. Que este seja o seu desejo: na vida ou na morte, que Deus seja glorificado em você.

Pense em alguém nas Escrituras que suportou muitas provações e adorou a Deus por meio delas.
De que maneira a vida deles pode encorajá-lo hoje?

Capítulo 50

COMO UMA PESSOA DESOLADA DEVE SE ENTREGAR NAS MÃOS DE DEUS

O discípulo

Senhor Deus, Santo Pai, que tu sejas bendito agora e na eternidade, pois como quiseste, assim foi feito; e tudo o que fazes é bom. Que o Teu servo se regozije em ti — e não em si mesmo ou em qualquer outro; pois somente tu, Senhor, és a verdadeira alegria, minha esperança e minha coroa, minha alegria e minha honra.

O que Teu servo possui senão o que recebeu de ti, e tudo sem qualquer mérito próprio? Todas as coisas são Tuas, as que tu concedeste e fizeste.

Sou pobre e ando aflito desde moço, e minha alma às vezes fica triste e até a ponto de chorar. Outras vezes, também, meu espírito fica perturbado por conta de grandes paixões. Anseio pela alegria da paz. Peço fervorosamente pela paz de Teus filhos, que são alimentados por ti na luz da consolação. Se me deres paz, se infundires a alegria sagrada, a alma de Teu servo se encherá de harmonia e será devota em louvar-te. Mas se tu Senhor te ocultares, como fazes tantas vezes, este Teu pobre servo não poderá seguir o caminho dos Teus mandamentos, mas será obrigado a bater no peito e a dobrar os joelhos, porque o hoje é diferente de ontem e do dia anterior, quando a Tua luz brilhou sobre a cabeça dele, e ele foi protegido na sombra de Tuas asas das tentações que se precipitavam sobre ele.

Sábio e justo Pai, digno de louvor eterno, está chegando a hora de o Teu servo ser provado. Amado Pai, é certo que nesta hora o Teu servo sofra algo por ti. Ó, Pai, para ser honrado para sempre, a hora que tu o sabes desde toda a eternidade está próxima, quando por um breve tempo Teu servo deverá ser oprimido exteriormente, mas por dentro deverá viver sempre contigo.

Deixa-o ser um pouco menosprezado, ser humilhado, deixa-o rebaixado aos olhos dos homens, ser afligido com sofrimentos e dores, para que ele possa ressuscitar contigo no alvorecer da nova luz e ser glorificado no Céu.

Santo Pai, tu o designaste e o desejaste, e o que aconteceu é o que o Senhor mesmo ordenaste. Esta é a graça que ofereces para quem é Teu amigo, sofrer e ser provado no mundo por Teu amor, não importa quantas vezes e por meio de quem tu permites que isso ocorra.

Livro 3: Consolação interior

Nada acontece no mundo sem o Teu desígnio e Tua providência, ou sem uma causa. É bom para mim, ó, Senhor, que me tenha humilhado, para que eu possa aprender a justiça dos Teus juízos e rejeitar toda presunção e arrogância do coração. É proveitoso para mim que a vergonha me cubra o rosto, para que eu possa buscar consolo em ti, e não nos homens. Por meio disso, aprendi também a temer Teu inescrutável juízo caindo sobre o justo e o injusto, mas jamais sem equidade e justiça.

Graças a ti, que não me poupou dos males, mas me feristes com golpes amargos, infligindo dores, enviando-me angústias por dentro e por fora. Não há ninguém debaixo do céu que possa me consolar, exceto o Senhor, meu Deus, o médico celestial das almas, que feres e curas, que lanças no inferno e ressuscitas. Tua disciplina está sobre mim e Tua própria vara me instruirá.

Eis que, amado Pai, estou em Tuas mãos. Eu me curvo sob Tua disciplina corretiva. Fere minhas costas e meu pescoço, para que eu possa sujeitar minha maldade à Tua vontade. Faz de mim um seguidor piedoso e humilde, como na Tua bondade costumas fazer, para que eu possa andar de acordo com o Teu querer. Tudo que tenho e tudo que sou, entrego para ser corrigido por ti, pois é melhor ser punido aqui do que no futuro.

Tu, Senhor, sabes de todas as coisas, sem exceção, e nada na consciência humana te é oculto. Tu conheces os próximos acontecimentos antes mesmo que aconteçam e não há necessidade de ninguém os ensinar ou admoestá-los sobre o

Tomás de Kempis

que está sendo feito na Terra. Senhor, tu sabes o que promoverá o meu progresso e quanta tribulação servirá para limpar a ferrugem dos vícios. Faz em mim o que é de Tua boa vontade e não despreza a minha vida pecaminosa, que ninguém conhece tão bem ou tão claramente quanto o Senhor.

Concede-me, Senhor, a graça de saber o que se deve saber, de louvar o que mais te agrada, de estimar o que te parece mais precioso e de abominar o que é impuro aos Teus olhos.

Não permitas que eu julgue de acordo com a luz dos meus olhos, nem profira sentença de acordo com o que ouço dos homens insensatos. Mas permita-me distinguir com verdadeiro julgamento entre as coisas visíveis e as espirituais, e que eu sempre busque acima de todas as coisas a Tua vontade. Os sentidos dos homens normalmente erram em seus julgamentos, e os amantes deste mundo também erram em amar apenas as coisas visíveis. No que um homem pode ser melhor apenas por ser considerado superior por outros homens? O enganador ludibria os desonestos, o vaidoso ilude outro vaidoso, o cego logra outro cego, o fraco engambela outros fracos sempre que os exalta e, na verdade, seus louvores sem motivo os confundem ainda mais. Pois, como diz o humilde São Francisco, "aquilo que alguém é a Teus olhos, isso é, e nada mais".

Há algo que você sente que não pode mais suportar? Como seria para você parar de carregar tal fardo ao entregá-lo completamente a Deus?

Capítulo 51

DEVEMOS PRATICAR AS OBRAS HUMILDES QUANDO NÃO CONSEGUIMOS ALCANÇAR AS MAIS NOBRES

A voz de Cristo

Filho meu, você não consegue permanecer sempre no desejo mais fervoroso das virtudes nem se manter no mais alto grau de contemplação, mas por causa do pecado da humanidade, deve, às vezes, descer para coisas mais baixas e carregar o fardo desta vida corruptível, mesmo fadigado e contra sua vontade. Enquanto você tiver um corpo mortal, sofrerá o cansaço e a tristeza no coração. Você deve, portanto, lamentar o fardo da carne, que o impede de entregar-se incessantemente aos exercícios espirituais e à contemplação divina.

Tomás de Kempis

Em tal condição, é conveniente que você se dedique às obras exteriores e humildes, e revigore-se nas boas ações. Espere com inabalável confiança a minha manifestação celestial, pacientemente suporte o seu exílio e timidez de espírito até que novamente seja ministrado por mim e fique livre de todas as ansiedades. Pois eu farei com que você esqueça seus sofrimentos e desfrute da quietude interior. Eu colocarei diante de ti os vastos campos das Escrituras, para que, com o coração aberto, você comece a avançar no caminho dos meus mandamentos. E dirá: "os sofrimentos do tempo presente não podem ser comparados com a glória a ser revelada em nós" (Romanos 8:18).

A que ou a quem Deus está pedindo para você ser fiel hoje?
Ore e peça a ajuda de Deus para fazer exatamente o que Ele pede. Nada mais.

Capítulo 52

O HOMEM DEVE SE CONSIDERAR INDIGNO DE CONSOLAÇÃO, MAS MERECEDOR DE PUNIÇÃO

O discípulo

Senhor, não sou digno de Teu consolo nem de qualquer manifestação ao meu espírito. Portanto, quando me deixas pobre e desolado, tu me tratas com justiça. E embora eu pudesse derramar um mar de lágrimas, ainda assim eu não seria digno de Teu consolo. Na verdade, mereço apenas ser açoitado e punido, uma vez que já te ofendi gravemente, e pequei muitas e muitas vezes. Portanto, não sou digno de qualquer consolo.

Mas o Senhor, ó, Deus gracioso e misericordioso, que não desejas que as Tuas obras pereçam, dignas-te a consolar o Teu servo além de todo o seu mérito e acima da medida humana para revelar as riquezas da Tua bondade em vasos de misericórdia. Pois os Teus consolos não são como as palavras dos homens.

O que eu fiz, Senhor, para que me conferisses qualquer consolo celestial? Lembro-me de não ter feito nada de bom, e sempre fui propenso a pecar e lento para me corrigir. Isto é verdade, não posso negar. Se eu dissesse o contrário, tu ficarias contra mim e não haveria ninguém para me defender. O que mereço por meus pecados, senão o inferno e o fogo eterno?

Na verdade, confesso que sou merecedor de todo o escárnio e desprezo. Nem é apropriado que eu seja lembrado entre Teus devotos servos. E embora seja difícil para mim ouvir isso, ainda assim, pelo amor a verdade, alegarei meus pecados contra mim mesmo, para que possa mais facilmente merecer a Tua misericórdia. O que devo dizer, culpado como sou e cheio de toda a confusão? Nada posso dizer, exceto estas palavras: "Eu pequei, Senhor, eu pequei; tenha misericórdia de mim e me perdoa. Suporta-me um pouco para que eu possa chorar a minha dor, antes que eu vá para a terra das trevas coberta pela sombra da morte".

O que tu especialmente exiges de um pecador culpado e miserável, senão que ele se arrependa e se humilhe por seus pecados? No verdadeiro arrependimento e na humildade do coração nasce a esperança do perdão, reconcilia-se a consciência atribulada, a graça é encontrada, o homem é preservado da ira vindoura, e há o encontro entre Deus e o penitente num ósculo santo.

Livro 3: Consolação interior

O arrependimento pelos pecados é um sacrifício agradável ao Senhor, um sacrifício muito mais doce do que o perfume do incenso. É também o bálsamo agradável que desejas ser derramado sobre Teus sagrados pés, pois um coração quebrantado e contrito, não o desprezarás, ó Deus. Aqui está um lugar de refúgio contra a ira do inimigo. Aqui é corrigida e purificada qualquer contaminação que tenha sido contraída em algum lugar.

Faça uma lista de alguns pecados que você cometeu.
Ao lado de cada um, escreva o atributo de Deus que mais claramente é exibido em relação ao pecado cometido.
Adore o Senhor por Seu caráter imutável.

Capítulo 53

A GRAÇA DE DEUS NÃO É CONCEDIDA AOS APEGADOS ÀS COISAS DO MUNDO

A voz de Cristo

Filho meu, a minha graça é preciosa. Não se deixa misturar com coisas estranhas ou consolos terrenos. Então, se você deseja receber sua infusão de graça, liberte-se de tudo que o afasta dela.

Busque se recolher dentro de você. Ame estar com você mesmo. Não busque a conversa de nenhum homem, mas antes eleve uma devota oração a Deus, para que você mantenha seu espírito arrependido e seu coração puro.

Considere o mundo inteiro como nada. Prefira o cuidado a Deus a tudo que é exterior, pois você não pode ocupar-se de mim e, ao mesmo tempo, deleitar-se nas coisas externas. Você deve se afastar de conhecidos e amigos queridos e manter sua mente livre de todo consolo temporal. Assim, o abençoado apóstolo Pedro suplica aos fiéis de Cristo que se mantenham como peregrinos e forasteiros no mundo (1 Pedro 2:11).

Que grande confiança na hora da morte terá aquele que não estiver apegado a este mundo por nenhuma afeição. Mas a alma doente não sabe o que é ter um coração separado de todas as coisas, nem o homem carnal conhece a liberdade do homem espiritual. No entanto, se ele realmente deseja ser espiritual, deve renunciar aos estranhos e aos amigos, e não deve ter cuidado com ninguém mais do que consigo mesmo.

Se você vencer completamente a si mesmo, dominará mais facilmente todas as outras coisas. A vitória perfeita é triunfar sobre si mesmo. Pois aquele que se mantém em tal sujeição que os desejos obedecem à razão, e a razão em tudo o obedece, é verdadeiramente o conquistador de si mesmo e o senhor do mundo.

Agora, se você deseja subir a esta elevada posição, deve começar bravamente e cortar o mal pela raiz, a fim de arrancar e destruir qualquer amor indisciplinado e oculto por si mesmo ou por bens terrenos. Deste vício de demasiado amor-próprio vem quase todos os outros vícios que devem ser eliminados. E quando esse mal for vencido e colocado sob controle, grande paz e tranquilidade virão imediatamente.

Mas dado que poucos se esforçam para morrer inteiramente para si mesmos, ou a negar si próprios completamente,

Livro 3: Consolação interior

assim permanecem aprisionados em si e não podem ser exaltados em espírito acima de si mesmos. Porém aquele que deseja andar livremente comigo deve mortificar todas as suas afeições más e imorais, e não deve se apegar com amor ou desejo egoísta a nenhuma criatura.

O que você coloca entre a oferta da graça de Deus e a sua necessidade dela? Seu trabalho? Palavras? Ações?
O que as Escrituras dizem sobre a graça e as dádivas advindas dela?

Capítulo 54

OS DIFERENTES MOVIMENTOS DA NATUREZA E DA GRAÇA

A voz de Cristo

Meu filho, preste muita atenção aos movimentos da natureza humana e da graça divina, pois ocorrem de maneiras muito contrárias e sutis, e dificilmente podem ser distinguidas por alguém, exceto pelo homem espiritual e interiormente iluminado. Todos os homens, de fato, desejam o bem e se esforçam pelo que é bom em suas palavras e ações. Por este motivo, a aparência do bem engana a muitos.

A natureza humana é astuta e atrai muitos, atrapalhando e enganando-os enquanto busca a si mesma. Mas a graça divina caminha com simplicidade, afasta-se de toda a aparência do mal, não é enganosa e faz tudo de maneira pura para Deus, em quem ela repousa como seu último fim.

A natureza carnal não está disposta a morrer, ou ser reprimida ou vencida. Também não se submete ou se sujeita de boa vontade. A graça, pelo contrário, luta pela mortificação de si mesma. Ela resiste à sensualidade, busca estar em submissão, deseja render-se, não almeja usar de sua própria liberdade, ama ser mantida sob disciplina e não deseja controlar ninguém, mas anela viver, permanecer e estar sempre sob a vontade de Deus, por cuja causa ela está disposta a se curvar humildemente a cada criatura humana.

A natureza humana trabalha para o seu próprio interesse e busca o proveito que pode tirar de outros. A graça não considera o que é útil e vantajoso para si mesma, mas sim o que é proveitoso para muitos. A natureza gosta de receber honra e reverência; a graça atribui fielmente toda honra e glória a Deus. A natureza teme a vergonha e o desprezo, mas a graça fica feliz em sofrer calúnias pelo nome de Jesus. A natureza adora a facilidade e o descanso físico. A graça, no entanto, não suporta ficar ociosa e abraça o trabalho de boa vontade. A natureza busca possuir o que é raro e belo, abominando as coisas que são inferiores e grosseiras. A graça, ao contrário, deleita-se com o que é simples e humilde, não despreza o que é rude, nem se recusa a se vestir como um maltrapilho.

A natureza humana se preocupa com a riqueza passageira e se alegra com os ganhos terrenos; entristece-se com as perdas e se irrita com um pequeníssimo insulto. A graça olha para o que é eterno e não se apega ao que é passageiro, não se perturba com perdas nem se enfurece com

Livro 3: Consolação interior

palavras ásperas, pois colocou seu tesouro e sua alegria no Céu, onde nada perece.

A natureza carnal é avarenta e gosta mais de receber do que de dar, e adora ter seus próprios bens. A graça, no entanto, é gentil e de coração aberto, evita interesses particulares, contenta-se com pouco e compreende que mais bem-aventurado é dar do que receber.

A natureza humana inclina-se às criaturas, para sua própria carne, para as vaidades e a dispersão. Mas a graça se aproxima de Deus e das virtudes, renuncia às criaturas, odeia os desejos da carne, restringe suas divagações e enrubesce por ser vista em público.

A natureza humana gosta de ter algum consolo exterior em que possa ter seus desejos satisfeitos, mas a graça busca consolo apenas em Deus, e encontra satisfação no bem mais elevado, acima de todas as coisas visíveis.

A natureza carnal faz tudo para o seu próprio ganho e interesse, não faz nada sem pagamento e espera que suas boas ações recebam igual ou melhor retribuição, elogio ou favor. Deseja ardentemente ter suas ações e seus dons grandemente exaltados. A graça, entretanto, não busca nada passageiro, nem pede qualquer recompensa que não seja Deus. Das necessidades passageiras, ela nada deseja além das que lhe servem para alcançar a eternidade.

A natureza humana alegra-se com muitos amigos e parentes, vangloria-se de sua posição nobre ou de sua origem, bajula os poderosos e os ricos, e aplaude aqueles que são como ela. Mas a graça ama até mesmo seus inimigos e não se orgulha de ter muitos amigos. Ela não tem alta consideração por posição ou origem, a menos que haja alguma virtude nisso. Ela favorece os pobres mais do que os ricos, simpatiza-se mais com os inocentes do que com os poderosos. Ela se alegra com quem é verdadeiro e não com quem mente e engana, e está sempre estimulando os bons a se esforçarem por seus melhores dons, e a se tornarem como o Filho de Deus, praticando suas virtudes.

A natureza carnal se queixa logo de suas necessidades e de seus problemas; a graça permanece firme quando o sofrimento a visita.

A natureza humana quer estar no centro de tudo, ela luta e argumenta por si mesma. A graça quer que tudo se volte para Deus, de onde tudo se origina. Ela não atribui nada de bom a si mesma, não é arrogante nem presunçosa. Ela não é de discutir, não prefere sua própria opinião à dos outros, mas em todas as questões, sentimentais ou racionais, submete-se à sabedoria eterna e ao julgamento divino.

A natureza humana gosta de saber segredos e ouvir notícias, deseja chamar a atenção e ter muitas experiências de sensações. Deseja ser conhecida e fazer coisas pelas quais será elogiada e admirada. Já a graça não se importa com o que é novo ou curioso, porque tudo isso surge da velha corrupção do homem, e não há nada de novo e que dure na Terra. Assim, a graça ensina a conter os desejos, a evitar a vã satisfação e a exibição, a humilde ocultação de atos dignos de louvor e admiração, e a buscar em todas as coisas e em todos os conhecimentos o fruto da utilidade,

Livro 3: Consolação interior

o louvor e a honra de Deus. Ela não deseja ser exaltada por si mesma ou por suas obras, mas deseja que Deus, que concede todas as coisas voluntariamente por amor, seja, em tudo, glorificado.

Esta graça divina é uma luz sobrenatural, uma dádiva especial de Deus, a marca própria dos eleitos e o penhor da salvação eterna. Ela eleva o homem das coisas terrenas para que ele possa amar as coisas do Céu, e isso transforma um homem carnal em espiritual.

Então, quanto mais a natureza carnal é controlada e vencida, mais graça é concedida. E a cada dia, as novas manifestações vão transformando o homem interior, de acordo com a imagem e semelhança de Deus.

Qual das maneiras pelas quais Tomás de Kempis escreve sobre a natureza você mais identifica em sua própria natureza humana?

O que a Palavra de Deus diz sobre esse aspecto da natureza humana?

Como seria receber a graça de Deus nessa área de sua vida?

Capítulo 55

A CORRUPÇÃO DA NATUREZA HUMANA E A EFICÁCIA DA GRAÇA DIVINA

O discípulo

Ó, Senhor, meu Deus, que me criaste à Tua imagem e semelhança, concede-me esta graça que tens revelado ser tão grande e necessária à salvação, para que eu possa superar minha própria natureza maligna que me leva ao pecado e à perdição. Sinto em minha carne a lei do pecado contradizendo a lei do meu espírito, e sinto-me aprisionado e levado a servir os meus desejos. Não posso resistir a tais paixões, a menos que Tua santíssima graça infundida calorosamente em meu coração me auxilie.

Quão necessária é a Tua graça, de fato, uma grande graça, a fim de superar a natureza carnal, o desígnio íntimo do homem, propenso ao mal desde a mocidade.

Pois por meio do primeiro homem, Adão, a natureza foi corrompida e enfraquecida pelo pecado, e a punição dessa mancha sobreveio sobre toda a humanidade. Assim, a própria natureza, que o Senhor criou e era boa e correta, está inclinada ao vício e à fraqueza da natureza corrompida, pois quando deixada por si mesma, pende ao mal e para as coisas mais vis. A pouca força que nela restou é como uma faísca escondida nas cinzas. Essa força, essa razão natural, mesmo que cercada por densa escuridão, ainda tem o poder de julgar o bem e o mal, de compreender a diferença entre o verdadeiro e o falso, mas não é capaz de cumprir tudo o que aprova e que não possui a luz da verdade ou a pureza do afeto.

Assim sendo, meu Deus, no tocante ao homem interior, que eu possa me deleitar em Tua lei, sabendo que Teu mandamento é bom, justo e santo, e que me instrui sobre a necessidade de evitar todo mal e pecado. Mas na carne eu guardo a lei do pecado, obedecendo mais a sensualidade ao invés da razão. Por conta disso, também, a vontade de fazer o bem está presente em mim, mas não sei como realizá-lo. Por isso, também, muitas vezes proponho muitas coisas boas, mas por faltar a graça para ajudar com a minha fraqueza, recuo e desisto ao menor obstáculo que aparece. Assim, conheço o caminho da perfeição e vejo com bastante clareza como devo agir, mas, por ser pressionado pelo peso da minha própria corrupção, não me elevo às coisas mais perfeitas.

Livro 3: Consolação interior

Como a Tua graça é extremamente necessária para mim, ó Senhor, para que eu possa iniciar qualquer boa ação, levá-la adiante e completá-la! Sem a graça nada posso fazer, mas com a força dela posso fazer todas as coisas. Ó, graça verdadeiramente celestial, sem a qual nossos méritos nada são e nenhuma dádiva da natureza humana deve ser estimada!

Diante de ti, ó Senhor, nenhuma arte ou riqueza, nenhuma beleza ou força, nenhum engenho ou inteligência têm qualquer valor sem a Tua graça. Pois as dádivas da natureza humana são comuns aos bons e aos maus, mas a dádiva peculiar de Teus eleitos é a graça ou o amor, e aqueles que são marcados por ela são considerados dignos da vida eterna. Tão excelente é esta graça que, sem ela, nenhum dom de profecia ou de milagres, nenhuma meditação, por mais exaltada que seja, pode ser considerada digna de valor algum. Nem mesmo a fé ou a esperança, ou qualquer outra virtude são aceitáveis sem o amor e a graça.

Ó, bendita graça, que torna o pobre de espírito rico em virtudes, e que torna humilde de coração aquele que é rico e que tem muitos bens, venha sobre mim! Enche-me depressa com o Teu consolo para que minha alma não desfaleça de cansaço e de aridez do espírito.

Eu imploro, Senhor, permite-me encontrar a graça em Teus olhos, pois a Tua graça é tudo o que eu preciso, mesmo que eu não obtenha nenhuma das coisas que a minha natureza deseja. Se eu for tentado e afligido por muitas provações, não temerei mal algum enquanto a Tua graça estiver comigo. Esta é a minha fortaleza, o que me dará conselho e ajuda. Ela é mais poderosa que todos os meus inimigos e mais sábia do que todos os sábios. Ela é a dona da verdade, a mestra da disciplina, a luz do coração, quem consola na angústia, quem manda a tristeza embora, quem expulsa o medo, quem nutre a devoção e autora das lágrimas. Quem sou eu sem a graça, senão um ramo seco, um galho inútil, digno apenas de ser cortado e lançado fora?

Então, Senhor, que a Tua graça me acompanhe e vá adiante de mim. Faz-me estar sempre atento às boas obras, por meio de Jesus Cristo, Teu Filho.

Tomás de Kempis escreveu: "Quem sou eu sem a graça, senão um ramo seco, um galho inútil, digno apenas de ser cortado e lançado fora?". Que versículo lhe vem à mente ao ler tal afirmação?

Pense em algumas áreas de sua vida que foram podadas pelo Senhor. De que maneira você reagiu à essa poda?

Adore a Deus, hoje, pela poda que Ele fez por amor a você, e pela graça que Ele lhe concede em sua fraqueza.

Capítulo 56

DEVEMOS NEGAR A NÓS MESMOS E IMITAR CRISTO PELA CRUZ

A voz de Cristo

Filho meu, quanto mais você conseguir se afastar de si mesmo, mais apto estará para caminhar em minha direção. Assim como a renúncia às coisas exteriores traz paz interior, o abandono de si mesmo une você a Deus. Farei com que aprenda a render-se perfeitamente à minha vontade, sem contradição ou queixas.

Siga-me! Eu sou o Caminho, a Verdade e a Vida. Sem o caminho, não há como seguir. Sem a verdade, não há conhecimento. Sem a vida, não há como viver. Eu sou o caminho por onde você deve andar, a verdade que você deve acreditar, a vida que você deve esperar. Eu sou o caminho inviolável, a verdade infalível, a vida sem fim. Eu sou o caminho correto, a suprema verdade, a vida autêntica, abençoada e incriada. Se você permanecer em meu caminho, conhecerá a verdade, e a verdade o libertará, assim você alcançará a vida eterna.

Se você deseja entrar na vida, guarde os meus mandamentos. Se quer conhecer a verdade, creia em mim. Se quer ser perfeito, venda tudo. Se quer ser meu discípulo, negue a si mesmo. Se deseja ter uma vida abençoada, despreze a vida presente. Se deseja ser exaltado no Céu, humilhe-se na Terra. Se deseja reinar comigo, carregue a cruz comigo. Pois apenas os servos da cruz encontram a vida de bem-aventurança e de verdadeira luz.

O discípulo

Senhor Jesus, porque o Teu caminho é estreito e desprezado pelo mundo, ajuda-me com que eu despreze o mundo e te imite. Pois o servo não é maior do que seu Senhor, nem o discípulo está acima de seu mestre. Permita que seu servo seja treinado de acordo com Tua vida, pois nela está a minha salvação e verdadeira santidade. Qualquer outra coisa que eu leio ou ouço não me satisfaz totalmente nem me encanta.

A voz de Cristo

Filho meu, agora que você sabe de todas essas coisas e de tudo o que leu, será abençoado se as praticar. Aquele que tem os meus mandamentos e os guarda, esse é o que me ama. E eu o amarei e me mostrarei a ele, e farei com que ele se sente comigo no Reino de meu Pai.

Livro 3: Consolação interior

O discípulo

Senhor Jesus, como tu já dissestes e prometestes, que assim seja e que eu possa merecê-lo. Eu recebi a cruz de Tuas mãos, e vou carregá-la até a morte, como tu ordenaste. Verdadeiramente, a vida de um bom homem religioso é uma cruz, mas que conduz ao paraíso. Já começamos — não podemos voltar atrás nem desistir.

Coragem, irmãos, avancemos juntos, e Jesus estará conosco. Por amor de Jesus, aceitamos Sua cruz. Pelo amor de Jesus, perseveraremos nela. Ele será o nosso auxílio, Aquele que vai nos guiar e liderar. Eis que nosso Rei irá adiante de nós, e por nós lutará. Vamos segui-lo com determinação, e que nenhum de nós tema quaisquer terrores. Estejamos preparados para enfrentar a morte com valentia na batalha. Não permitiremos que nossa glória seja manchada fugindo da cruz.

Que cruz Deus está pedindo que você carregue hoje?
Qual cruz você está carregando que Deus não pediu a você que carregasse?
Como seria abandonar esta última e pegar a primeira?

Capítulo 57

O HOMEM NÃO DEVE SE DEIXAR ABATER QUANDO COMETER ALGUMA FALHA

A voz de Cristo

Filho meu, paciência e humildade na adversidade são mais agradáveis para mim do que muito consolo e devoção quando as coisas vão bem.

Por que você se entristece com qualquer coisinha dita contra você? Mesmo que fosse maior, não deveria se deixar afetar. Deixe passar. Não é a primeira vez que isso ocorre e, se você viver o suficiente, não será a última.

Você é bastante forte, desde que não encontre oposição. Você dá bons conselhos aos outros e sabe como fortalecê-los com palavras, mas quando uma aflição inesperada bate à sua porta, você falha tanto no conselho quanto na força. Considere, então, sua grande fraqueza,

que você experimenta com tanta frequência em pequenas questões. No entanto, quando essas e outras provações
acontecem, elas acontecem para o seu bem.

Tire-as do seu coração da melhor maneira que puder
e, se elas o afetarem, ainda assim não se deixe abater ou
que elas o atemorizem por muito tempo. Suporte isso
com paciência, pelo menos, se não puder suportar de bom
grado. Mesmo que você aguente isso contra sua vontade e
sinta-se indignado, controle-se e não permita que palavras
impróprias saiam de seus lábios, com as quais os mais fracos possam se escandalizar. A tempestade que agora está
surgindo logo será acalmada, e sua dor interior será ame-
nizada pela manifestação da graça. "Eu ainda vivo", diz o
Senhor, "estou pronto para ajudá-lo e consolá-lo cada vez
mais, se você confiar em mim e invocar-me com devoção".

Permaneça tranquilo e prepare-se para suportar provações ainda maiores. Nem tudo está perdido, mesmo
que você seja frequentemente perturbado ou tentado de
maneira mais dolorosa. Você é homem, não Deus. Você
é carne, não um anjo. Como você pode esperar permanecer sempre no mesmo estado de virtude, quando anjos no
Céu e o primeiro homem no paraíso falharam em fazê-lo?
Eu sou Aquele que resgata os aflitos e apresenta a minha
divindade àqueles que conhecem a própria fraqueza.

O discípulo

Ó, Senhor, quão doces são as Tuas palavras ao meu pala-
dar! Mais que o mel à minha boca. O que eu faria nessas

Livro 3: Consolação interior

grandes provações e aflições se o Senhor não me fortalecesse com Tuas santas palavras? Se eu puder apenas alcançar o porto da salvação, que importa o que ou o quanto eu sofri? Concede-me um bom final. Dá-me uma feliz passagem para fora deste mundo. Lembra-te de mim, meu Deus, e conduz-me pelo caminho certo para o Teu Reino.

Qual é a área de sua vida em que você falhou recentemente?

O que a Palavra de Deus diz sobre o seu fracasso?

Você se arrependeu e recebeu a graça divina para superar suas fraquezas?

Capítulo 58

QUESTÕES ESPIRITUAIS E OS JUÍZOS OCULTOS DE DEUS NÃO DEVEM SER QUESTIONADOS

A voz de Cristo

Filho meu, tome cuidado para não discutir sobre assuntos importantes e sobre os juízos ocultos de Deus, como: Por que essa pessoa está tão abandonada e aquela é favorecida com tamanha graça? Por que um homem está tão aflito e o outro sobremodo exaltado? Essas coisas estão além de todo o entendimento humano, e nenhuma razão ou discussão pode sondar os desígnios de Deus.

Então, quando o inimigo colocar tais sugestões em sua mente, ou quando alguma pessoa curiosa fizer perguntas a respeito, responda como o salmista: "Justo és, Senhor, e retos, os teus juízos" (Salmo 119:137); "Os juízos do Senhor são verdadeiros e todos igualmente, justos" (Salmo 19:9).

Meus julgamentos devem ser temidos, e não discutidos, visto que são incompreensíveis à inteligência humana.

Da mesma maneira, não pergunte ou discuta sobre os méritos dos santos, quanto a qual é mais santo, ou qual será maior no reino dos Céus. Tais assuntos normalmente geram desentendimentos inúteis, alimentam o orgulho e a vanglória, de onde surgem a inveja e as desavenças, quando cada um tenta exaltar um santo ou outro. O desejo de conhecer e de se intrometer em tais assuntos não produz frutos. Pelo contrário, desagrada aos santos, porque não sou o Deus da discórdia, e sim, da paz — daquela paz que consiste na verdadeira humildade e não na exaltação de si mesmo.

Alguns são atraídos pelo ardor do amor com maior afeição a esses santos ou aqueles, mas essa afeição é humana e não divina. Eu sou aquele quem criou todos os santos. Eu dei graça a eles, eu os trouxe à glória. Eu conheço os méritos de cada um deles. Eu os protegi com as bênçãos da minha bondade. Eu conheci meus amados antes mesmo de todos os séculos. Eu os escolhi do mundo — não foram eles que me escolheram. Eu os chamei pela graça, e os atraí pela misericórdia. Eu os conduzi com segurança por meio de diversas tentações. Eu derramei sobre eles consolações gloriosas. Dei-lhes perseverança e coroei sua paciência. Eu conheço o primeiro e o último. Abraço a todos com um amor inestimável e sou louvado por todos os santos. Sou bendito acima de todas as coisas e honrado em cada um daqueles a quem

Livro 3: Consolação interior

exaltei e predestinei tão gloriosamente, sem quaisquer méritos anteriores.

Portanto, aquele que despreza um dos meus pequeninos, não honra o maior, pois eu fiz tanto o grande como o pequeno. E aquele que menospreza qualquer um dos santos, menospreza a mim também, bem como a todos os outros no Reino dos Céus. Todos são um só pelo elo do amor. Eles têm o mesmo pensamento e a mesma vontade, e mutuamente amam uns aos outros; e, o que é muito maior, eles me amam mais do que a si mesmos ou aos seus próprios méritos. Elevados acima de si mesmos e atraídos para além desse amor por si mesmos, estão totalmente absortos no amor por mim, em quem descansam. Não há nada que possa afastá-los ou deprimi-los, pois estão cheios da verdade eterna e brilham mediante o fogo do amor inextinguível.

Assim, que os homens carnais, que só sabem como amar suas próprias alegrias egoístas, deixem de discutir sobre o estado dos santos de Deus. Tais homens acrescentam e ocultam de acordo com suas próprias inclinações e não de acordo com o que agrada a verdade eterna. Em muitos há pura ignorância, especialmente naqueles que são pouco iluminados e que raramente podem amar alguém com um verdadeiro amor espiritual. Eles ainda são fortemente atraídos pela afeição natural e pela amizade humana para com uma pessoa ou outra, e em seu comportamento nas coisas terrenas baseiam suas imaginações das coisas celestiais. Mas há uma distância incomparável entre as coisas que os imperfeitos imaginam e aquelas que os iluminados contemplam por meio de uma revelação superior.

Portanto, meu filho, tome cuidado para não tratar de assuntos que estejam além do seu conhecimento por mera curiosidade. Cuide apenas do que for da sua conta e se esforce para encontrar o menor lugar que seja, mas que este seja no Reino de Deus. E mesmo que alguém soubesse quem é o mais santo ou quem é maior no Reino dos Céus, que valor esse conhecimento teria para ele, a menos que ele se humilhasse diante de mim e rendesse louvor ainda maior ao meu nome?

Quem pensa na grandeza de seus próprios pecados e na pequenez de suas virtudes, e na distância que o separa da perfeição dos santos, age com muito mais aceitação para Deus do que aquele que discute quem é maior ou quem é menor no Reino. É melhor invocar com lágrimas e orações devotas, implorando humildemente pela gloriosa ajuda, a investigar com vã curiosidade os segredos dos santos.

Os santos, nos Céus, ficariam completamente contentes se os homens soubessem conter e suavizar suas palavras vãs. Eles não se vangloriam de seus próprios méritos, pois não atribuem nenhum bem a si mesmos, e sim a mim, porque por minha infinita caridade concedi tudo a eles. Eles estão cheios de tal amor por Deus e de uma alegria tão transbordante que nada lhes falta para a glória e para a felicidade. Todos os santos são tão mais elevados em glória quanto mais humildes em si

Livro 3: Consolação interior

mesmos; e mais perto de mim vivem e mais são amados por mim. Por isso, você verá escrito como eles lançaram suas coroas diante de Deus e prostraram-se com o rosto em terra diante do Cordeiro e adoraram Aquele que vive para sempre (Apocalipse 4:9-11).

Muitos perguntam quem é o maior no Reino dos Céus, quando não sabem nem se eles próprios serão dignos de ser contados entre os menores. É de grande valia ser até mesmo o menor no Céu, onde todos são grandes, porque todos serão chamados filhos de Deus e assim o serão. Quando os discípulos perguntaram quem seria o maior no reino dos Céus, ouviram a seguinte resposta: "Em verdade vos digo que, se não vos converterdes e não vos tornardes como crianças, de modo algum entrareis no reino dos céus. Portanto, aquele que se humilhar como esta criança, esse é o maior no reino dos céus" (Mateus 18:3-4).

Ai daqueles, então, que desdenham humilhar-se de boa vontade como as crianças, pois a estreita porta do Reino celestial não permitirá que entrem. Ai também dos ricos, que têm aqui suas consolações; pois eles ficarão do lado de fora apenas lamentando quando os pobres entrarem no Reino de Deus. Alegrai-vos, humildes, e exultai, pobres, porque o Reino de Deus é de vocês, se andarem na verdade.

Você costuma deduzir, adivinhar ou fazer suposições sobre a vida de outras pessoas?

O conhecimento de que Deus é imutável, Seu caráter não oscila e Seus atributos são eternos, mudam a maneira como você considera a vida de outros? Justifique.
De que forma isso muda a maneira como você compara sua vida com a de outras pessoas?

Capítulo 59

TODA ESPERANÇA E CONFIANÇA DEVEM ESTAR FIRMADAS APENAS EM DEUS

O discípulo

Senhor, qual é a confiança que tenho nesta vida e, entre todas as coisas debaixo do céu, qual é o meu maior conforto? Não és tu, o meu Deus, cujas misericórdias são infinitas? Quando estive bem sem Tua presença? E como algo poderia dar errado se o Senhor estava comigo? Prefiro ser pobre e ter Tua presença do que desfrutar de riquezas sem ti. Prefiro peregrinar pela Terra contigo do que possuir o Céu sem ti. Onde tu estás, aí é o Céu, e Tua ausência é morte e inferno. O Senhor é meu desejo; a ti clamo, suplico e oro. Não há ninguém em quem eu possa confiar totalmente para me ajudar em minhas necessidades, senão somente o Senhor, meu Deus. Tu és a minha esperança e confiança. Tu és meu fiel consolador em cada necessidade.

Todos buscam seus próprios interesses, mas o Senhor zela por minha salvação e pelo que me é útil. Faz todas as coisas convergirem para o meu bem. Mesmo quando estou exposto a várias tentações e dificuldades, tu as permites para o meu bem. De mil maneiras, provas os Teus amados. E nessas provas, tu não deverias ser menos amado ou louvado do que se tivesse me preenchido com consolos celestiais.

Em ti, portanto, ó, Senhor Deus, coloco toda a minha esperança; és o meu refúgio. Em ti lanço todos os meus problemas e angústias, porque tudo o que tenho, fora de ti, é fraco e incerto. Não me servirá ter muitos amigos, nem servos eficientes podem me ajudar, nem conselheiros prudentes para dar respostas úteis, nem livros de homens eruditos para consolar, nem qualquer preciosidade para ganhar minha liberdade, nem qualquer lugar secreto e belo que seja, para me abrigar, se eu não tiver o Senhor para me ajudar, consolar, confortar, instruir e me guardar. Pois todas as coisas que parecem ser para nossa paz e felicidade; na verdade, sem ti nada são e não conferem a verdadeira felicidade.

Verdadeiramente, o Senhor é a fonte de todo o bem, a completude da vida, a profundidade de tudo o que pode ser falado. Confiar em ti acima de todas as coisas é o maior conforto para os Teus servos.

Meu Deus, Pai das misericórdias, a ti elevo meus olhos, e em ti confio. Abençoa e santifica minha alma com a bênção

Livro 3: Consolação interior

celestial, para que eu possa me tornar Tua morada sagrada e onde Tua glória eterna habita. Que neste templo de Tua dignidade nada seja encontrado que ofenda Tua majestade.

Em Tua infinita bondade e na multidão de Tuas misericórdias, olha para mim e ouve a oração de Teu humilde servo exilado longe de ti na Terra da sombra da morte. Entre os muitos perigos desta vida corruptível, protege e preserva a alma de Teu indigno servo, e guia-o com Tua graça constante pelos caminhos de paz para a terra da luz eterna.

O que você espera hoje?
E se Deus não conceder o que você deseja?
O que a Palavra de Deus diz sobre nossos desejos
e deleites?

Oração

Pai, ajuda-me a suportar as coisas que tu me pedes para suportar e a renunciar tudo aquilo que o Senhor jamais pediu para eu carregar. Faz-me colocar minha esperança em ti, e não nos homens. Instrui-me para que eu deseje te conhecer de coração, e não apenas pela simples informação. Ensina-me a colocar a minha esperança na vida porvir e não nesta vida aqui; ajuda-me a estar mais ciente de ti, do que sou de mim. Graças pelo Teu Espírito que habita em mim, que me ajuda a fazer o que é certo e bom, que me convence quando faço algo errado e que me conforta quando lamento pelo meu pecado. Sou grato pela cruz de Cristo e pelo exemplo de obediência do Teu Filho. Ajuda-me a ter sempre essa imagem em mente, contrastando-a com todas as minhas tentativas de ser como Ele pela minha própria força. Eu não posso ser como Ele é, a menos que eu me lembre de que é apenas por meio de Jesus que posso ser Teu. Em nome de Jesus eu oro. Amém.

Livro 4

CONVITE À SANTA COMUNHÃO

A voz de Cristo

"Vinde a mim, todos os que estais cansados e sobrecarregados, e eu vos aliviarei" (Mateus 11:28). *"O pão que eu darei pela vida do mundo é a minha carne"* (João 6:51). *"E, tendo dado graças, o partiu e disse: Isto é o meu corpo, que é dado por vós; fazei isto em memória de mim"* (1 Coríntios 11:24). *"Quem comer a minha carne e beber o meu sangue permanece em mim, e eu, nele"* (João 6:56). *"As palavras que eu vos tenho dito são espírito e são vida"* (João 6:63).

Capítulo 1

A DEVIDA REVERÊNCIA COM A QUAL DEVEMOS RECEBER A CRISTO

O discípulo

Estas são todas Tuas palavras, ó Cristo, verdade eterna, ainda que não tenham sido todas ditas de uma vez nem escritas num mesmo lugar. E porque elas são Tuas e verdadeiras, devo aceitá-las todas com fé e gratidão. Elas são Tuas, o Senhor as proferiu; mas também são minhas porque tu as disseste para a minha salvação. De bom grado as aceito de Teus lábios para que fiquem bem gravadas em meu coração.

Palavras de tamanha ternura, tão cheias de doçura e amor, encorajam-me; mas meus pecados me amedrontam e uma consciência impura troveja sobre mim quando me aproximo de mistérios tão grandes como esses. A doçura de Tuas palavras me convida, mas a multidão de meus vícios me oprime.

Tu ordenas que me aproxime de ti com confiança, se desejo ter parte contigo, a fim de receber o alimento da imortalidade, se desejo obter a vida e glória eternas.

"Vinde a mim", dizes, "todos os que estais cansados e sobrecarregados, e eu vos aliviarei".

Ó quão doce e suave, ao ouvido do pecador, é a palavra pela qual tu, Senhor meu Deus, convidas o pobre e necessitado a receber Teu mais precioso corpo! Quem sou eu, Senhor, para que me julgues digno de ir ter contigo? Veja, o Céu dos céus não pode te deter e ainda assim dizes: "Vinde, todos vós, a mim".

O que significa essa graciosa honra e convite amigável? Como me atreverei a ir, eu cuja consciência nada tenho de bom? Como poderei acolher-te em meu lar, eu que tantas vezes realizei ofensas diante de Tua bondosa face? Anjos e arcanjos te veneram, os santos e justos temem a ti, e tu dizes: "Vinde a mim: todos vós!". Se tu, Senhor, não o tivesses dito, quem teria acreditado? E se tu não o tivesses ordenado, quem ousaria aproximar-se de ti?

Eis que, Noé, um homem justo, trabalhou cem anos construindo a arca para que ele e alguns outros fossem salvos; como, então, posso me preparar em uma hora para receber com reverência o Criador do mundo?

Moisés, Teu grande servo e amigo íntimo, fez uma arca de madeira incorruptível a qual cobriu com o mais puro ouro a fim de colocar as tábuas da Tua lei; devo eu,

Livro 4: Convite à Santa Comunhão

uma criatura corrupta, ousar tão facilmente receber a ti, o Criador da lei e o Autor da vida?

Salomão, o rei mais sábio de Israel, passou sete anos construindo um templo magnífico para o louvor do Teu nome e celebrou a dedicação daquele templo com um banquete de oito dias. Ele ofereceu mil holocaustos em Tua honra e solenemente conduziu a Arca da Aliança ao lugar que lhe havia sido preparado, ao som de trombetas, com alegria e júbilo; como eu, desprezível e o mais pobre dos homens, poderei te receber em minha casa? Eu que mal passo meia hora em devoção — oxalá eu conseguisse passar pelo menos esse tempo dignamente.

Ó, meu Deus, o quanto esses homens se esforçaram para te agradar! Ai de mim, pois é tão pouco o que faço! Quão curto é o tempo que passo me preparando para a Santa Comunhão! Raramente me recolho completamente e muito raramente estou livre de distração. Ainda assim, na presença da Tua divindade, de onde flui a vida, nenhum pensamento inapropriado deveria surgir e nenhuma criatura deveria possuir meu coração, uma vez que estou prestes a receber como meu convidado, não um anjo, mas o próprio Senhor dos anjos.

Grande é também a diferença entre a Arca da Aliança, com seus tesouros, e Teu mais puro corpo, com suas inefáveis virtudes; entre esses sacrifícios da lei, os quais não eram nada além do que imagens do que haveria de vir, e as verdadeiras ofertas de Teu corpo, o qual foi o cumprimento de todos os sacrifícios anteriores.

Tomás de Kempis

Por que, então, não desejo mais ardentemente Tua cativante presença? Por que não me preparo com maior cuidado para receber Tuas dádivas sagradas, uma vez que aqueles santos patriarcas e profetas da antiguidade, assim como reis e príncipes junto a todo o povo, demonstraram tão afetuosa devoção e louvor a Deus?

O tão zeloso e devoto rei Davi dançou diante da arca de Deus com toda a sua força enquanto recordava os feitos realizados em favor de seus antepassados. Ele criou instrumentos musicais de vários tipos; compôs salmos e ordenou que fossem entoados com alegria. Ele próprio tocava muitas vezes a harpa quando era movido pela graça do Espírito Santo. Ele ensinou o povo de Israel a adorar a ti com todo o seu coração e a erguer suas vozes diariamente para bendizer-te e glorificar-te. Se tal devoção surgia naqueles dias e tal cerimônia em adoração a Deus diante da Arca da Aliança, quão grande devoção devo eu e todos os cristãos demonstrar hoje na ministração do sacramento; tamanha reverência devemos ter ao receber o preciosíssimo corpo de Cristo!

Muitas pessoas fazem viagens longínquas para honrar as relíquias dos santos, admirados com seus maravilhosos feitos e com as construções de seus magníficos santuários. Eles contemplam e beijam os vestígios sacros revestidos de seda e ouro; mas eis que o Senhor está presente diante de mim no altar, meu Deus, Santo dos santos, Criador do homem e Senhor dos anjos!

Muitas vezes, ao contemplar tais coisas, os homens são movidos por curiosidade, pela novidade do que está oculto, mas pouco levam consigo do fruto da transformação que deveriam experimentar na vida deles, especialmente quando vão de lugar a lugar levianamente e sem verdadeiro arrependimento. Mas aqui no sacramento do altar, o Senhor de fato está presente, o meu Deus, o homem Cristo Jesus, de quem se recebe o pleno cumprimento da salvação eterna, todas as vezes que é digna e devotamente recebido. A isto, em verdade, somos atraídos, não por leviandade, curiosidade ou sensualidade, mas por firme fé, esperança zelosa e amor sincero.

Ó Deus, invisível Criador do mundo, de que maneira maravilhosa lidas conosco! Quão doce e suavemente tu dispensas tudo aos Teus eleitos a quem ofereces a ti mesmo para ser recebido em tal sacramento! Isso, em verdade, excede todo o entendimento. De modo especial, isso atrai o coração dos zelosos e aviva o amor deles. Teus verdadeiros servos fiéis, os quais dedicam a vida deles à transformação, não poucas vezes recebem Santa Comunhão a grande graça da devoção e amor de virtude.

Ó, a maravilhosa e invisível graça desse sacramento, a qual somente o fiel de Cristo compreende, a qual os incrédulos e escravos do pecado não podem experimentar! Nele, a graça espiritual é concedida, a virtude perdida é restaurada e a beleza, manchada pelo pecado, recuperada. Por vezes, em verdade, Tua graça é tão grande que na plenitude da devoção, não apenas a mente, mas também o frágil corpo é repleto de maior força.

Ainda assim, nossa negligência e frieza é deplorável e penosa, quando não somos movidos a receber com grande fervor a Cristo, em quem está a esperança e mérito de todos que serão salvos. Ele é nossa santificação e redenção. Ele é nossa consolação nesta vida e a eterna alegria dos bem-aventurados no Céu. Sendo isso verdade, é lamentável que pouquíssimos se importem com o mistério que concede vida, o qual enche os Céus de alegria e sustenta todo o Universo.

Ó cegueira e dureza de coração do homem, que não demonstra consideração por tão maravilhosa dádiva, mas, ao contrário, cai na despreocupação de seu proveito diário! Se esse tão sagrado sacramento fosse celebrado em apenas um lugar e consagrado por apenas um sacerdote no mundo todo, com imenso desejo os homens seriam atraídos a esse lugar, a esse sacerdote de Deus, a fim de testemunhar a celebração dos mistérios divinos! Mas hoje há muitos sacerdotes e Cristo é oferecido em muitos lugares, para que a graça e o amor de Deus pelos homens se revelem ainda mais claramente na medida em que a Santa Comunhão é propagada cada vez mais pelo mundo.

Graças a ti, Jesus, eterno Bom Pastor, que consideraste por bem alimentar esse pobre e exilado povo com Teu precioso corpo e sangue, e nos convidas com palavras de Teus próprios lábios para participar desses sagrados mistérios:

Livro 4: Convite à Santa Comunhão

"Vinde a mim, todos os que estais cansados e sobrecarregados, e eu vos aliviarei".

Você se aproxima de Cristo com reverência ou de maneira informal?
Há uma maneira certa ou errada para se fazer isso? Justifique.
De acordo com a Palavra de Deus, como devemos nos aproximar do trono da graça?

Capítulo 2

A GRANDE BONDADE
E AMOR DE DEUS
SÃO DEMONSTRADOS
AO HOMEM
POR ESSE SACRAMENTO

O discípulo

Ó, Senhor, confiando em Tua bondade e grande misericórdia, venho como um enfermo ao Médico, como um faminto e sedento à Fonte da vida, como um necessitado ao Rei do Céu, um servo ao seu Senhor, uma criatura ao seu Criador, como uma alma em desespero ao meu bondoso Consolador.

Mas de onde me vem a graça para que tu venhas a mim? Quem sou eu para que te ofereças a ti mesmo a mim? Como ousa o pecador aparecer em Tua presença e tu concordas em vir até ele? Conheces o Teu servo e sabes que ele não tem nada de bom nele mesmo para que lhe concedas Tua graça.

Assim, confesso quão indigno sou. Reconheço Tua bondade. Louvo Tua misericórdia e dou graças por Teu imenso amor. Pois é por Tua causa que o fazes, não por qualquer mérito meu, para que a Tua bondade se torne melhor conhecida por mim, que o amor supremo seja despertado e a perfeita humildade brote em mim. Portanto, uma vez que isso te agrada e tu o quiseste, Tua graça também me agrada. Ó, que meu pecado não se ponha no caminho!

Ó, doce e misericordioso Jesus, quão grande reverência, ação de graças e incessante louvor são devidos a ti por tomarmos parte de Teu corpo sagrado, cuja dignidade homem algum pode expressar!

Entretanto, o que devo pensar dessa Santa Comunhão, dessa aproximação ao meu Senhor, a quem eu jamais poderei reverenciar devidamente e ainda assim desejo ardentemente receber? Qual pensamento é melhor ou mais útil para mim do que humilhar a mim mesmo completamente em Tua presença e exaltar Tua infinita bondade sobre mim?

Eu te louvo, meu Deus, e te exalto para sempre! Desprezo a mim mesmo e me lanço diante de ti nas profundezas de minha indignidade, pois tu Senhor és o Santo dos santos, e eu a escória dos pecadores! Tu te inclinas para mim, embora eu não seja digno de olhar para ti! Tu te aproximas de mim, anseias estar comigo e me convidas para o Teu banquete! É Teu desejo dar-me o alimento celestial, o pão dos anjos para comer, ninguém além de ti, o Pão vivo que desceu do Céu e trouxe vida ao mundo.

Eis de onde procede o amor! Que resplandecente misericórdia! Quão grandes ações de graças e louvor são devidas a ti por todas essas dádivas! Ó quão benéfico e proveitoso foste em Teu desígnio ao instituir tal sacramento! Quão doce e agradável o banquete quando te entregastes como alimento!

Quão admirável são Tuas obras, ó Senhor! Quão grande és Teu poder! Quão infalível é Tua verdade! Pois por Tua palavra todas as coisas foram criadas, e o que ordenaste foi realizado. É algo maravilhoso, digno de fé e acima do entendimento humano, que tu, ó Senhor, meu Deus, verdadeiro Deus e homem, sejas contido inteiro e por completo em um pequeno pedaço de pão e num pouco de vinho, e sejas consumido por aquele que te recebe sem que ele próprio seja consumido!

Tu, o Senhor do Universo, que de nada necessitas, quiseste habitar em nós por meio de Teu sacramento. Mantém meu coração e corpo limpos, para que com uma consciência alegre e imaculada eu possa sempre celebrar Teus mistérios e receber para a minha eterna salvação o que tu ordenaste e instituíste para Tua honra especial e como um memorial eterno.

Alegre-se, ó minha alma, e dê graças a Deus por ter lhe concedido tão nobre dádiva e tão especial consolação neste vale de lágrimas. Na medida em que você renova esse mistério e recebe o corpo de Cristo, absorve a obra de redenção e se torna participante de todos os méritos de Cristo, pois o amor de Cristo nunca acaba e a riqueza de Sua misericórdia não tem fim.

Assim, deve se preparar constantemente para este ato de renovação em seu coração e refletir profundamente acerca do grande mistério da salvação. Pois tão grande, tão novo e tão doce deve lhe parecer sempre que celebrar ou ouvir a missa, como se neste mesmo dia Cristo se tornasse homem no ventre da virgem, ou, quando pendurado na cruz, sofreu e morreu pela salvação do homem.

Qual é sua postura quando você participa da Ceia do Senhor? Com humildade? Com arrependimento? Com irreverência?

Qual foi a intenção de Cristo ao compartilhar, com Seus discípulos, a primeira Santa Ceia em Mateus 26?

Capítulo 3

É PROVEITOSO PARTICIPAR FREQUENTEMENTE DA SANTA COMUNHÃO

O discípulo

Ó, Senhor, venho a ti, para que eu possa receber Tua dádiva e ser saciado em Teu santo banquete o qual tu, ó Deus, em Tua bondade preparaste para Teus filhos. Ora, tudo o que posso ou devo desejar está em ti. O Senhor é a minha salvação e minha redenção, minha esperança e força, minha honra e glória.

Como se alegra a alma de Teu servo neste dia porque elevei meu coração a ti, ó Senhor Jesus. Desejo receber-te agora, com devoção e reverência. Quero te acolher em minha casa para que, como Zaqueu, eu possa receber Tua bênção e ser contado entre os filhos de Abraão.

Minha alma anseia por receber-te; meu coração deseja unir-se ao Teu. Dá-me Tua presença — e estarei satisfeito;

pois fora de ti não há consolo. Sem ti não posso existir; sem Tua visitação não posso viver. Devo, então, vir a ti frequentemente e receber a força da minha salvação, pois, carente desse alimento dos Céus, eu desfaleço no caminho. Certa feita, misericordioso Jesus, enquanto pregavas à multidão e curava muitos enfermos, o Senhor declarou: "Não quero despedi-la em jejum, para que não desfaleça pelo caminho" (Mateus 15:32). Faça assim também comigo, ó Senhor, tu que deixastes a ti mesmo em tal sacramento para a consolação dos fiéis. Tu és doce refrigério para a alma, e aquele que de ti se alimenta dignamente será participante e herdeiro da glória eterna.

Muitas vezes caio e peco e tão rápido me deixo abater que me torno fraco. Verdadeiramente necessito de renovo, de limpar-me e despertar a mim mesmo através de constante oração, confissão e santa aceitação de Teu corpo, para que, talvez por me privar por tanto tempo, eu não me afaste de meu santo propósito. Pois desde os dias de juventude, os juízos do homem são inclinados ao mal, e a menos que o socorro divino o fortaleça, ele rapidamente cai ainda mais profundo. Mas a Santa Comunhão o livra do mal e o sustenta no que é bom.

Se sou, por tantas vezes, negligente e apático ao celebrar ou partilhar a Santa Ceia do Senhor, o que aconteceria se não recebesse esse remédio e buscasse tão grande auxílio? Embora não esteja capacitado nem mesmo propriamente disposto a celebrar todos os dias, ainda assim farei o meu melhor no tempo devido para receber os mistérios divinos e participar dessa grande graça. Essa é, de fato, a maior consolação da alma fiel quando apartada de ti pela mortalidade, que sempre consciente de seu Deus, recebe seu amado com devota contrição.

Ó, maravilhosa benevolência de Teu afeto para conosco, tu, o Senhor Deus, Criador e Autor da vida a todos, que consideraste justo vir a uma pobre alma e lhe saciar a fome com toda a Tua divindade e humanidade! Ó mente feliz e alma abençoada que merece receber a ti, seu Senhor e Deus, e ao recebê-lo é repleta de alegria no espírito! Quão grande o mestre a quem ela apraz, quão amável o convidado a quem ela recebe, quão doce o companheiro a quem ela recepciona, quão honesto o amigo que ela ganha, quão lindo e nobre é o cônjuge a quem ela abraça, amado e desejado acima de todas as coisas que podem ser amadas e desejadas! Que o Céu e a Terra e todos os seus tesouros emudeçam diante da Tua face, o mais doce amado, pois toda glória e beleza que possuem procede de Tua generosa benevolência, e eles não podem alcançar a beleza de Teu nome, cuja sabedoria é insondável.

Separe um momento para orar e refletir acerca de sua postura durante a Santa Ceia, e arrependa-se de qualquer momento em que tenha se acostumado com os ritos, não permitindo assim que seu coração fosse ministrado.

Capítulo 4

MUITAS BÊNÇÃOS SÃO CONCEDIDAS ÀQUELES QUE PARTICIPAM DIGNAMENTE DA SANTA COMUNHÃO

O discípulo

Ó, Senhor, meu Deus, concede ao Teu servo as bênçãos de Tua bondade para que eu possa, de maneira digna e devota, aproximar-me dignamente do Teu magnífico sacramento. Eleva meu coração a ti e retira de mim essa penosa indolência. Visita-me com Tua graça salvadora para que meu espírito possa experimentar Tua bondade que se encontra oculta nesse sacramento assim como as águas nas profundezas de uma nascente. Ilumina meus olhos para ver esse grande mistério e fortalece-me para crer com uma fé inabalável.

Pois é Tua obra, não poder do homem. É Teu sagrado fundamento, não uma invenção humana. Nenhum homem é capaz de compreender e entender por si mesmo essas coisas que ultrapassam até mesmo o atento olhar dos anjos. Como, então, posso eu, um indigno pecador que não passo de pó e cinzas, ser capaz de compreender e entender tão quão grande mistério?

Ó, Senhor, sob Teu mandamento venho a ti com simplicidade de coração, com boas intenções e fé inabalável, com esperança e reverência, e verdadeiramente acredito que Tu estás presente aqui, como Deus e homem, nesse sacramento. É de Tua vontade que eu te receba e me una a ti em amor. Pelo que, rogo por Tua misericórdia e peço que uma graça especial seja a mim concedida, para que eu seja completamente esvaído em ti e preenchido por Teu amor, para não mais me preocupar com consolações exteriores. Para isso, esse maior e mais digno Sacramento, é saúde para alma e corpo, a cura de toda mazela espiritual. Nele meus defeitos são sanados, minhas paixões refreadas, e minhas tentações vencidas ou dissipadas. Nele, a graça maior é infundida, a florescente virtude é cultivada, a fé é confirmada, a esperança é fortalecida e a compaixão é incendiada.

Tu, meu Deus, protetor da minha alma, força da fraqueza humana, doador de toda consolação interior, que em tal sacramento concedeste e continua concedendo grandes dons aos Teus amados, os quais comungam de maneira devota. Ademais, tu lhes dás muitas consolações

Livro 4: Convite à Santa Comunhão

em meio a seus problemas e lhes trazes das profundezas da desolação para a esperança de Tua proteção. Com novas graças tu os encorajas e alivias no íntimo, para que eles, antes cheios de ansiedade e sem afeto diante da Santa Comunhão, encontrem-se agora transformados depois de terem tomado parte desse alimento e bebida celestial.

Da mesma forma, ages tão bem para com Teus eleitos que eles podem de fato compreender e claramente experimentar quão fracos são em si mesmos e quanta bondade e graça eles recebem de ti. Pois ainda que em si mesmos sejam frios, obstinados e carentes de fervor, por ti se tornam fervorosos, exultantes e devotos.

Quem, de fato, pode humildemente se aproximar da fonte da bondade e não levar um pouco dela consigo? Ou quem, diante de um fulgurante fogo, não sente um pouco de seu calor? Tu és uma fonte sempre repleta de bênçãos que superabundam! Tu és um fogo, sempre ardente, que nunca se apaga.

E mesmo que eu não consiga esgotar as profundezas da fonte nem beber até me saciar, ainda assim colocarei meus lábios na foz dessa nascente celestial para que eu possa receber ao menos uma pequena gota para refrescar minha sede e não me esvair. E se por ora eu não posso ser totalmente celeste nem completamente revestido de fogo como os querubins e serafins, ainda assim me esforçarei para ser mais devoto e prepararei meu coração para que eu possa colher uma pequena centelha de fogo divino da humilde aceitação desse sacramento que traz vida.

O que quer que esteja faltando em mim, bom Jesus, santíssimo Salvador, provê em Tua bondade e graça a mim, tu que te agradaste em chamar todos a ti, dizendo: "Vinde a mim todos os que estais cansados e sobrecarregados, e eu vos aliviarei".

De fato, trabalho no suor do meu rosto. Estou despedaçado com angústia no coração. Estou repleto de pecados, atribulado por tentações, enredado e oprimido por paixões malignas, e não há ninguém que possa me ajudar, ninguém para me livrar e salvar além de ti, meu Senhor Deus e Salvador, em quem eu confio a minha vida e tudo o que tenho, para que tu possas me proteger e me conduzir à vida eterna. Para a honra e glória do Teu nome receba a mim, tu que preparaste o Teu corpo e sangue como alimento e bebida para mim. Permita, ó Senhor, meu Deus e salvador, que, ao me achegar aos Teus mistérios regularmente, o zelo de minha devoção aumente.

Reflita acerca de uma vez em que você participou da Santa Ceia do Senhor sem antes ter buscado o arrependimento. Quais foram os sentimentos que persistiram posteriormente?

O que a Palavra de Deus diz àqueles que se arrependem hoje dos pecados de outrora?

Como você se sente recebendo hoje o perdão de Deus por completo?

Capítulo 5

A DIGNIDADE DO SACRAMENTO E DO SACERDÓCIO

A voz de Cristo

Ainda que você tivesse a pureza de um anjo ou a santidade de João Batista, não seria digno de receber ou ministrar esse sacramento. Não é por nenhum mérito humano que um homem consagra e ministra o sacramento de Cristo e recebe o pão dos anjos como seu alimento. Grande é o mistério e grande a dignidade dos sacerdotes que receberam o que aos anjos não foi concedido. Pois somente os sacerdotes, legitimamente ordenados pela Igreja, têm o poder de ministrar tal sacramento e consagrar o corpo de Cristo.

O sacerdote, de fato, é o ministro de Deus, que faz uso das Escrituras por ordem e função. Mas, Deus está presente — Ele é o principal autor, Aquele que age de maneira invisível e a quem todos estão submissos ao Seu querer, a quem todos obedecem segundo Sua ordenança.

Assim, nesse exímio sacramento você deve crer em Deus e não em seus próprios juízos ou em qualquer manifestação visível, e desse modo, com temor e reverência, se aproximar do Seu agir. Olhe para si — de quem é o ministério que lhe foi dado pela imposição de mãos dos presbíteros?

Ora, você é um sacerdote, consagrado para celebrar os sacramentos do Senhor! Tenha zelo portanto para que seja fiel e devoto ao oferecer sacrifícios a Deus no tempo oportuno e para que conduza a sua vida de maneira irrepreensível. Seu fardo não se tornou mais leve. Na verdade, você agora está comprometido a uma disciplina ainda mais rigorosa e sujeito a uma santidade ainda mais perfeita.

Um sacerdote deve estar adornado de todas as virtudes e deve dar o exemplo de uma vida santificada a todos. Seu caminho não deve imitar os hábitos vulgares e ordinários do homem, mas com os dos anjos nos Céus e dos homens perfeitos da Terra. Um sacerdote vestindo as vestes sagradas age no lugar de Cristo, para que Ele possa interceder diante de Deus em seu favor e em favor de todo o povo com humildade e súplicas.

Ele traz o sinal da cruz do Senhor na frente e atrás, para que possa sempre recordar da paixão de Cristo. Está diante dele, em sua veste sacerdotal, para que possa ver claramente os passos de Cristo e tente segui-los fervorosamente. E atrás dele – também está assinalado com a

Livro 4: Convite à Santa Comunhão

cruz, para que ele possa padecer de bom grado por amor a Deus quaisquer adversidades infligidas por outros. Ele usa a cruz diante de si para que possa lamentar seus próprios pecados, atrás de si para que em comiseração possa lamentar os pecados de outros e entender que ele foi escolhido para se colocar entre Deus e o pecador, para nunca se enfadar da oração e do santo sacrifício até que lhe seja concedida graça e misericórdia.

Quando o sacerdote celebra o sacramento, ele honra Deus, alegra os anjos, fortalece a igreja, ajuda os vivos, traz descanso em relação aos que já partiram e garante para si uma participação em todas as coisas boas.

O que o Novo Testamento fala sobre o sacerdócio (1 Pedro 2)?
Se somos filhos de Deus, fazemos parte do sacerdócio real. O que isso significa?
Releia as considerações de Tomás de Kempis sobre o que é um sacerdote e veja se elas se alinham com o que as Escrituras afirmam a respeito dos seguidores de Cristo.

Capítulo 6

REFLEXÕES SOBRE O QUE SE DEVE FAZER ANTES DA SANTA COMUNHÃO

O discípulo

Quando considero Tua dignidade, ó Senhor, e reflito em minha própria maldade, fico muito assustado e confuso. Pois se não me aproximo de ti, fujo da vida, e se me intrometo indignamente, incido em Teu desagrado. O que, então, devo eu fazer, meu Deus, meu ajudador e conselheiro, quando estou necessitado? Ensina-me o caminho certo. Mostra-me algum exercício breve, próprio à Santa Comunhão, pois é bom que eu saiba a maneira como devo preparar meu coração devota e fervorosamente para ti, para receber Teu sacramento para o bem de minha alma, ou até mesmo celebrar tão grande e divino sacrifício.

Deus rejeita todo aquele que deseja ter comunhão com Ele? Por quê?

De que maneiras você se priva da comunhão com Ele por causa de seus próprios sentimentos a respeito de pecados ou vergonha?

Capítulo 7

O EXAME DA PRÓPRIA CONSCIÊNCIA E A DISPOSIÇÃO PARA A CORREÇÃO

A voz de Cristo

Acima de tudo, o sacerdote de Deus deve se achegar à celebração e à ministração desse sacramento com toda a humildade de coração, com súplicas reverentes, com toda a fé e a intenção piedosa de honrar a Deus.

Assim, examine a sua consciência cuidadosamente. Limpe-a e a purifique com tudo o que tem e verdadeira contrição, para que não tenha nenhum fardo, nem remorso e então seja livre para se aproximar. Que a lembrança de seus pecados lhe entristeça e sobretudo faça lamentar e chorar por suas transgressões diárias. Então, se o tempo permitir, confesse a Deus no mais profundo do seu coração todas as desgraças que suas paixões lhe causaram.

Lamente e pranteie porque você ainda é tão mundano, tão carnal, tão pouco mortificado em seus desejos, tão cheio de luxúria inconstante, tão negligente com as questões externas, tão frequentemente ocupado com vãs fantasias, tão inclinado para coisas exteriores e tão pouco atento acerca do que está no seu interior, tão propenso ao riso e à distração e tão indisposto ao lamento e às lágrimas. Você é tão inclinado à comodidade e aos prazeres da carne e tão frio para a austeridade e zelo, tão curioso para ouvir o que há de novo e para ver o que é belo e tão tardio para aceitar a humilhação e rejeição, tão desejoso por abundância, tão mesquinho na generosidade e tão teimoso em acumular, tão desmedido no falar, tão relutante no silêncio, tão indisciplinado em caráter, tão desordenado em ação, tão guloso nas refeições, E ainda, tão surdo à Palavra de Deus, tão diligente quanto ao descanso e tão vagaroso para trabalhar, tão disposto para conversas vãs, tão sonolento nas vigílias sagradas e tão ansioso em encerrá-las, tão ávido para divagar em sua atenção, tão despreocupado em cumprir com seu ofício, tão facilmente distraído, tão raramente ponderado, tão rapidamente movido à raiva, tão apto para se ofender com os outros, tão inclinado a julgar, tão severo ao condenar. E também tão feliz na prosperidade e tão fraco na adversidade, tão assíduo em fazer boas resoluções, mas tão negligente em colocá-las em prática.

Uma vez confessadas e lamentadas essas e outras falhas com grande pesar e desagrado por causa de sua fraqueza, esteja firmemente determinado em corrigir sua vida dia

Livro 4: Convite à Santa Comunhão

após dia e em avançar em bondade. Então com completa resignação e com todo o seu querer ofereça a si mesmo no altar do seu coração como um sacrifício eterno para a honra do meu nome, confiando com fé aos meus cuidados tanto o corpo quanto a alma, para que assim você seja considerado digno de se aproximar e oferecer sacrifício a Deus e proveitosamente receber o sacramente do meu Corpo. Pois não há oferta mais digna, nem satisfação maior para expiar os pecados do que oferecer a si mesmo a Deus, pura e inteiramente, unido a oferta do corpo de Cristo na missa e na Comunhão.

Se um homem faz o que pode e está verdadeiramente arrependido, contudo, vem a mim tantas vezes à procura de graça e perdão, pois, "Tão certo como eu vivo, diz o SENHOR Deus, não tenho prazer na morte do perverso, mas em que o perverso se converta do seu caminho e viva" (Ezequiel 33:11); jamais me lembrarei dos seus pecados, todos lhe serão perdoados.

A sua salvação está segura diante de Deus? Justifique.
O que a Bíblia diz sobre aqueles que confessaram Jesus
como Senhor e se arrependeram de seus pecados?

Capítulo 8

O SACRIFÍCIO DE CRISTO NA CRUZ E A NOSSA OFERTA

A voz de Cristo

Tal como me entreguei prontamente a Deus Pai pelos seus pecados com as mãos estendidas e o corpo despido na cruz, de sorte que nada que havia em mim não tivesse se tornado um sacrifício para aplacar a ira divina, assim também você deve estar pronto para se entregar a mim dia a dia na Santa Missa como um sacrifício puro e santo, juntamente com todos os seus saberes e afeições, com toda a devoção que conseguir.

O que mais lhe peço além de se entregar totalmente a mim? Não me importo com nada mais que possa me oferecer, pois não me importo com suas ofertas e sim com você. Assim como não lhe seria suficiente ter tudo sem ter a mim, também nada do que você possa me dar me satisfará se você não se entregar completamente a mim.

Ofereça-se, então, a si mesmo a mim e entregue-se inteiramente a Deus — sua oferta será recebida. Pois, por você, entreguei-me por completo ao Pai, entreguei até mesmo meu corpo e sangue como alimento para que eu seja totalmente seu e você seja meu para sempre.

Mas se você confiar em si mesmo e não se oferecer livremente a mim, sua oferta será incompleta e a união entre nós, imperfeita. Assim, se você deseja alcançar graça e liberdade de coração, deixe que a oferta gratuita de si mesmo nas mãos de Deus preceda cada ação sua. É por essa razão que tão poucos são intimamente libertos e iluminados — eles não sabem como negar a si mesmos integralmente.

A minha palavra permanece: "Todo aquele que dentre vós não renuncia a tudo quanto tem não pode ser meu discípulo" (Lucas 14:33).

Se, portanto, você deseja ser meu discípulo, ofereça a si mesmo a mim com todo o seu coração.
Seu coração está totalmente entregue a Deus hoje?
Há algo que você está retendo? Por quê?

Capítulo 9

DEVEMOS OFERECER A NÓS MESMOS E TUDO O QUE TEMOS A DEUS, E ORAR POR TODOS

O discípulo

Todas as coisas no Céu e na Terra são Tuas ó Senhor. Quero me entregar a ti como oferta voluntária para ser eternamente Teu. Ó, Senhor, com um coração sincero ofereço-me a ti, a Teu serviço eterno, em reverência a ti e como um sacrifício de louvor eterno. Receba-me com essa santa oferta de Teu precioso corpo que também faço a ti nesse dia, diante dos anjos invisíveis, para a minha salvação e de todo o Teu povo.

Sobre o Teu altar de expiação, ó Senhor, entrego a ti todos os pecados e ofensas que cometi em Tua presença e na presença de Teus santos anjos, desde o dia em que primeiro pequei até agora, para que tu me limpes de todas as minhas transgressões incendiando e consumindo todos os meus pecados no fogo do Teu amor, e então purifiques minha consciência de toda culpa e restaures em mim a Tua graça a qual, devido ao meu pecado, perdi. Concede-me o perdão completo por tudo e recebe-me misericordiosamente com o beijo da paz.

O que posso fazer por todos os meus pecados, senão humildemente confessá-los, lamentá-los e clamar perseverantemente por Tua misericórdia? Em Tua misericórdia, clamo a ti, escuta-me quando diante de ti me coloco, ó meu Deus. Todos os meus pecados são detestáveis para mim. Quem dera nunca mais os cometesse. Eu me arrependo deles e me arrependerei enquanto eu viver. Estou pronto a me submeter e o farei com toda minha força.

Perdoa-me, ó Deus, perdoa-me por meus pecados por amor ao Teu santo nome. Salva minha alma a qual tu redimiste com Teu precioso sangue. Eis que diante de Tua misericórdia me coloco, me entrego em Tuas mãos. Age comigo segundo Tua bondade, não segundo meus caminhos tortuosos e maus.

Ofereço a ti também tudo o que tenho de bom, ainda que pequeno e imperfeito, para que tu o tornes ainda mais puro e mais santo, para que disso tu possas te agradar, para que tu o faças aceitável a ti, para que possas aperfeiçoá-lo mais e mais e, finalmente, para que tu possas dirigir-me a um final bom e feliz, pois sou uma criatura negligente e desprezível.

Apresento a ti também todos os santos desejos dos piedosos Teus servos, as necessidades de meus pais, amigos,

Livro 4: Convite à Santa Comunhão

irmãos, irmãs e todos o que são queridos para mim; todos o que, por amor a ti, foram bondosos comigo e com outros. Apresento a ti também todos os que desejaram e pediram por minhas súplicas em favor deles próprios e de seus queridos, a fim de que possam experimentar o socorro de Tua graça, a força das Tuas consolações, a proteção dos perigos, a libertação do castigo vindouro e, libertos de todos os males, possam alegremente dar graças abundantes a ti.

Também ofereço a ti minhas súplicas e intercessão por aqueles que de algum modo me feriram, entristeceram ou caluniaram, me causaram danos ou dor, e por aqueles a quem eu, em algum momento, entristeci, perturbei, ofendi e maltratei tanto por palavra como por ação, intencional ou acidentalmente. Que seja do Teu agrado nos perdoar, a todos de igual forma pelos pecados e ofensas cometidos uns contra os outros.

Afasta de nosso coração, ó Senhor, toda desconfiança, ira, raiva, contenda e tudo aquilo que possa ferir a compaixão e extinguir o amor fraternal. Tem misericórdia, ó Senhor, tem misericórdia daqueles que clamam por Tua misericórdia, concede graça àqueles que necessitam e faz com que sejamos dignos de desfrutar do Teu favor e receber a vida eterna.

Você pertencia a Deus mesmo antes da fundação do mundo? Use as Escrituras para fundamentar sua resposta.

O que significa oferecer tudo de nós a Deus?

Capítulo 10

NÃO DEIXE DE PARTICIPAR DA SANTA COMUNHÃO POR QUALQUER MOTIVO INSIGNIFICANTE

A voz de Cristo

Você deve frequentemente voltar à fonte da graça e divina misericórdia, à fonte da bondade e perfeita pureza, se deseja ser liberto da paixão e do vício, se deseja tornar-se mais forte e mais atento contra às tentações e enganos do diabo.

O inimigo, ciente de quão bom e restaurador é o poder da Santa Comunhão, tenta, de todas as formas e meios possíveis, impedir e afastar os fiéis. De fato, há alguns que sofrem os piores ataques de Satanás quando se dispõem a se preparar para a Santa Comunhão. Como está escrito em Jó, esse espírito maligno se apresenta dentre os filhos de Deus para atormentá-los com sua maldade habitual, para torná-los excessivamente temerosos e atordoados, de modo que assim ele possa enfraquecer sua devoção e atacar a fé com tamanha intensidade que se privem de participar da Santa Comunhão plenamente ou a recebam com pouco fervor.

Contudo, não se deve dar atenção a essas artimanhas astutas, não importa quão fundamentadas e horríveis sejam, todas estas incitações devem ser resistidas em sua mente. O inimigo miserável deve ser desprezado e escarnecido. Não negue a si mesmo o privilégio de participar da Santa Comunhão por qualquer ataque ou perturbação que ele possa gerar.

Muitas vezes, também, o tão grande empenho pela devoção e a inquietude da confissão inibem a pessoa. Faça como os sábios fazem. Livre-se de toda inquietação e hesitação, pois isso impede a graça de Deus e destrói a devoção do espírito.

Não se prive da Santa Comunhão por causa de um pequeno aborrecimento ou situação insignificante, mas depressa confesse seus erros e prontamente perdoe os outros pelas suas ofensas. Se ofendeu alguém, humildemente busque o perdão, e Deus prontamente lhe perdoará.

O que há de bom em retardar a confissão por tanto tempo ou em adiar a Santa Comunhão? Purifique-se de uma vez, cuspa o veneno imediatamente. Apresse-se para aplicar o remédio e você verá como isso é melhor do que esperar um tempo maior. Se hoje você recusa por uma razão, talvez amanhã algo maior lhe aconteça e assim ficará mais distante da Santa Comunhão por um tempo ainda maior e tornando-se mais inapto.

Lance fora esse fardo e morosidade o mais rápido possível, pois não há bem algum em tamanha ansiedade, em suportar tantas horas de aflição e em privar a si mesmo dos mistérios divinos por causa desses distúrbios diários. Sim, é muito danoso adiar a Santa Comunhão por tanto tempo, pois isso normalmente causa a um preguiçoso sono espiritual.

Quão triste é que algumas pessoas mornas e negligentes estejam dispostas a postergar a confissão e adiar a Santa Comunhão, para que não sejam obrigados a manter uma vigilância maior sobre si mesmas! Lamentavelmente, quão pequena devoção e amor mesquinho elas têm que tão facilmente adiam a Santa Comunhão!

Quão feliz e aceitável diante de Deus é aquele que mantém sua consciência pura e sempre disposta para comungar, mesmo todos os dias se lhe fosse permitido, e, se pudesse, o faria de maneira discreta.

Se, vez ou outra, um homem se abstém pela graça da humildade ou por uma razão legítima, sua reverência é louvável. Agora, se sua preguiça o detém, ele deve se levantar e fazer tudo que está a seu alcance, pois o Senhor suscitará seu desejo por causa da boa intenção, a qual Ele particularmente conhece. Quando tal homem é legitimamente impedido de participar, ele deve ao menos ter a boa vontade e a intenção devota de comungar, e assim não perderá o fruto desse sacramento.

Tomás de Kempis

Qualquer pessoa devota pode, a qualquer hora do dia, receber a Cristo na comunhão espiritual de forma proveitosa e sem impedimentos. Ainda assim, em dias e horários estabelecidos, ele deve receber com afetuosa reverência o corpo de seu Redentor em tal sacramento, buscando o louvor e a honra de Deus ao invés de sua própria consolação.

Pois, assim como ele devotamente traz à memória o mistério e a paixão de Cristo encarnado e é inflamado com amor por Ele, comunga misteriosamente e é invisivelmente renovado.

Aquele que se prepara apenas quando festas se aproximam ou quando os costumes exigem se achará frequentemente despreparado. Bem-aventurado é aquele que se oferece como sacrifício ao Senhor sempre que celebra a Santa Missa ou comunga.

Não seja nem muito devagar nem muito rápido para celebrar, mas siga o bom costume comum aqueles em meio aos quais você se encontra. Não cause aos outros inconvenientes ou problemas, mas observe a lei aceitável estabelecida pelos superiores e zele pelo bem dos outros ao invés de sua própria devoção ou preferência.

Com que frequência você participa da Santa Ceia do Senhor?
Por que Paulo disse "todas as vezes que" em 1 Coríntios 11:25?
Para você, participar da Santa Ceia é algo rotineiro ou você enxerga a bondade de Deus quando participa dela?

Capítulo 11

O CORPO DE CRISTO E AS SAGRADAS ESCRITURAS SÃO VITAIS PARA A ALMA FIEL

O discípulo

Ó dulcíssimo Senhor Jesus, quão grande é a alegria da alma devota que celebra a ti em Teu banquete, onde se lhe é oferecido para comer nenhum outro alimento se não a ti, o único amado, o mais desejado entre todos os desejos do coração do fiel!

Como seria uma alegria para mim, derramar lágrimas das profundezas do amor em Tua presença, e, como a piedosa mulher, lavar Teus pés com elas. Mas onde está agora essa devoção, esse copioso derramar de lágrimas? Certamente, diante de ti, diante de Teus santos anjos, meu coração inteiro deveria ser incendiado e chorar de alegria.

Pois ainda que o Senhor esteja sob outra forma, tenho a ti verdadeiramente presente no sacramento.

Meus olhos não suportam contemplar-te em Teu divino resplendor, nem mesmo o mundo inteiro poderia permanecer no esplendor da glória de Tua majestade. Portanto, ao te encobrir em tal sacramento, o Senhor leva em conta a minha fraqueza.

Em verdade, eu tenho e adoro àquele a quem os anjos adoram no Céu — eu, ainda pela fé, enquanto eles, face a face. Devo me contentar com a luz da verdadeira fé e caminhar nela até o dia em que o brilho eterno resplandecerá e as sombras das figuras se dissiparão. E mais, quando o que é perfeito vier, o sacramento não será mais necessário, pois aqueles abençoados na glória eterna não necessitarão desse sacramento restaurador. Regozijando incansavelmente na presença de Deus, contemplando Tua glória face a face, transformados de seu próprio brilho para o brilho da divindade inefável, experimentam a Palavra de Deus tornada carne, tal como Ele era no princípio e o é por toda a eternidade.

Embora consciente dessas coisas maravilhosas, toda consolação espiritual se torna penosa para mim, pois enquanto não vejo claramente o Senhor em Sua glória, considero tudo o que ouço e vejo na Terra de pouca importância.

Ó Deus, tu és minha testemunha, e nada pode me confortar, nenhuma criatura pode me conceder descanso além de ti, meu Deus, a quem eu anseio contemplar para

Livro 4: Convite à Santa Comunhão

sempre. Mas isso não é possível enquanto permaneço nesta vida mortal e, assim, cabe a mim ser muito paciente e submeter-me a ti em tudo o que eu desejar.

Até mesmo Teus santos servos, ó Senhor, que agora se alegram junto a ti no Reino dos Céus, esperaram a vinda da Tua glória com fé e grande paciência enquanto viveram. Creio no que eles creram. Espero por aquilo que eles esperaram e confio, pela Tua graça, que chegarei aonde eles chegaram. Enquanto isso, eu caminho em fé, fortalecido pelo exemplo dos santos. Além disso, terei, para conforto e orientação da minha vida, as Escrituras Sagradas, e, acima de tudo isso, Teu mais santo Corpo para meu abrigo e refúgio.

Sinto que há nessa vida duas coisas em especial sem as quais as misérias daqui seriam insuportáveis. Aprisionado aqui nesse cárcere do corpo, confesso que preciso destas duas coisas: alimento e luz. Desse modo, em minha fraqueza, tu deste Teu corpo sagrado para saciar minha alma e corpo, e colocaste Tua Palavra como luz que ilumina meus pés. Sem isso não poderia viver bem, pois a Palavra de Deus é a luz para a minha alma e Teu sacramento é o pão da vida.

Isso também pode ser chamado de duas mesas, uma aqui, outra ali, na casa do tesouro da Tua Igreja. Uma é a mesa do altar santo, tendo o pão sagrado que é o precioso corpo de Cristo. A outra é a mesa da Lei divina, contendo a santa doutrina que ensina toda a verdadeira fé e os conduz firmemente ao Santo dos santos.

Graças a ti, Senhor Jesus, Luz da luz eterna, pela mesa de Teu santo ensino o qual preparaste para nós por meio de Teus servos, os profetas e apóstolos e outros mestres.

Graças a ti, Criador e Redentor dos homens, que, para declarar Teu amor a todo o mundo, preparaste uma grande ceia na qual nos deste como alimento não o cordeiro, como lhe é devido, mas Teu próprio precioso corpo e sangue, tornando bem-aventurado todos os fiéis em Teu sagrado banquete, satisfazendo-os com o cálice da salvação no qual estão todas os prazeres do paraíso; e os santos anjos celebram conosco, porém com mais alegria e doçura.

Ó quão grande e digno de honra, é o ofício do sacerdote, ao qual é dado consagrar com santas palavras o Senhor de majestade, cujos lábios podem bendizê-lo, cujas mãos o tocam, cuja boca o recebe e o distribui aos outros.

Como devem ser limpas as mãos do servo fiel, quão puro os lábios, quão santificado o corpo, quão imaculado o coração do sacerdote a quem o Autor de toda a pureza tão frequentemente se achega. Nenhuma palavra que não seja santa, nenhuma que não seja boa e proveitosa deve sair dos lábios do sacerdote que tão frequentemente recebe o sacramento de Cristo. Íntegros e modestos devem ser os olhos acostumados a olhar o corpo de Cristo. Puras e erguidas ao céu devem ser as mãos acostumadas a tocar o Criador do Céu e da Terra. Aos sacerdotes, sobretudo, está escrito na Lei: "Santos sereis, porque eu, o Senhor, vosso Deus, sou santo" (Levítico 19:2).

Livro 4: Convite à Santa Comunhão

Que a Tua graça nos socorra, Deus Todo-poderoso para que nós, que recebemos o sacerdócio, possamos servir a ti digna e devotamente com toda a pureza e com boa consciência. E se não podemos viver tão inocentes como devemos, permite-nos ao menos lamentar devidamente os erros que cometemos e, no espírito de humildade e no propósito de uma boa vontade, servir a ti mais fervorosamente de agora em diante.

Com que frequência você ouve ou escuta a Palavra de Deus lida em voz alta?

Com que frequência você lê a Palavra de Deus em voz alta?

O que o impede de fazer isso mais vezes?

Leia um livro da Bíblia em voz alta para si mesmo ou para a sua família hoje.

Capítulo 12

ANTES DE PARTICIPAR DA SANTA COMUNHÃO É NECESSÁRIO PREPARAR-SE COM GRANDE DILIGÊNCIA

A voz de Cristo

Eu sou o amante da pureza, a fonte de toda a santidade. Busco um coração puro, e dele faço meu lugar de descanso.

Prepare para mim um amplo espaço mobiliado, e eu com Meus discípulos passaremos a Páscoa contigo.

Se você desejar que eu me achegue a ti e permaneça contigo, lance fora o fermento velho e limpe todos os cômodos do teu coração. Silencie o mundo inteiro com todos os ruídos de seus vícios. Acomode-se como um pardal no telhado e reflita acerca de tuas transgressões com pesar de alma.

Todo aquele que ama prepara a melhor e mais bonita casa para seu amado, pois nisso é revelado o amor daquele que recebe seu amado.

No entanto, saiba que você não pode por nenhum mérito próprio fazer bem essa preparação, ainda que passasse um ano se preparando e refletisse em nada além disso. É somente pela minha bondade e graça que você pode se aproximar de minha mesa. É como se um mendigo fosse convidado para um banquete de um homem rico e não tivesse nada a oferecer em troca pelo honroso convite a não ser se humilhar e agradecer.

Faça tudo que puder, e faça-o cuidadosamente. Receba o corpo do Senhor, não como de costume ou por necessidade, mas com temor, com reverência e com amor, pois seu amado Deus dignou-se vir até você .

Eu sou aquele que o chamou. Ordenei que assim fosse. Darei o que lhe falta. Venha e receba-me.

Quando eu conceder a graça da devoção, agradeça a Deus, não porque você é digno, mas porque tenho misericórdia de ti. Mas se lhe falta a devoção e, portanto, você se sente árido, continue em oração, busque e bata, e não desista até receber alguma migalha da graça salvadora.

Você necessita de mim. Eu não preciso de você. Você não se aproxima de mim para me santificar, mas eu me achego para lhe santificar e tornar-te melhor. Venha para que você seja santificado e se una a mim, para receber nova graça e para ser despertado novamente a endireitar teus caminhos. Não negligencie essa graça, mas prepare o teu coração com todo o cuidado, e entregue-o ao Teu Amado.

Não apenas lhe cabe preparar-te devotamente antes de participar da Ceia do Senhor, mas deves também conservar-te em devoção depois de receber tal sacramento. A cuidadosa guarda de ti mesmo após comungar não é menos necessária que a devota preparação de antes, pois uma cautelosa sentinela posterior é a melhor preparação para se obter graça maior, em contrapartida, muito indisposto ficará aquele que permite que a própria mente devaneie por entre confortos exteriores.

Cuidado com o muito falar. Permaneça em reclusão e desfrute de teu Deus, pois tu possuis aquele a quem o mundo inteiro não o pode tirar.

Eu sou aquele a quem deves entregar-te por inteiro, para que de agora em diante possas viver, não mais para ti mesmo, mas em mim, livre de todas as preocupações.

Você se "prepara devotamente antes de participar da Ceia do Senhor" ou simplesmente tenta ordenar seus pensamentos nos minutos que a antecedem? Por quê? Como seu coração pode estar diferente no recebimento da Ceia do Senhor se você se preparar devotamente com antecedência?

Capítulo 13

A ALMA DEVOTA DEVE DESEJAR COM TODO SEU CORAÇÃO UNIR-SE COM CRISTO NO SACRAMENTO

O discípulo

Ó Senhor, como anseio estar a sós contigo, para abrir a ti todo o meu coração, para desfrutar de ti com todo o desejo da minha alma, para não ser incomodado por ninguém, para não ser importunado e perturbado por criatura alguma, para que tu fales comigo e eu somente contigo, como um amado fala com seu querido, e como um amigo conversa com outro.

Por isto clamo, isto desejo, para que eu possa estar completamente unido a ti e afaste meu coração de todas as coisas criadas, aprendendo a saborear as coisas celestiais e eternas por meio da Santa Comunhão e celebração da Missa.

Ah, Senhor Deus, quando estarei eu completamente unido a ti e absorvido por ti, esquecendo-me de mim por completo? Tu em mim e eu em ti? Concede-me que, assim juntos, permaneçamos. De fato, tu és o meu amado, escolhido entre milhares, em quem minha alma exulta por habitar todos os dias de sua vida. Tu és minha promessa de paz, em quem está a paz genuína e o verdadeiro descanso, sem o qual só resta fadiga, tristeza e infinita miséria.

Verdadeiramente, tu és o Deus misterioso. Teu conselho não está com os ímpios, e Tuas palavras estão com os humildes e simples.

Quão bondoso é o Teu espírito, ó Senhor, que, para mostrar Tua bondade para com Teus filhos, consentes em alimentá-los com o mais doce dos pães, o pão que desce do Céu! Certamente não há outro povo tão agraciado a ponto de ter seu deus tão próximo a eles, como tu, ó Senhor, o nosso Deus, estás presente e perto dos fiéis, que a si mesmo se doa como alimento divino para ser desfrutado e como consolo diário aos Teus filhos para a elevação do coração deles ao Céu.

De fato, que outra nação é tão conhecida como o povo cristão? Que criatura debaixo do céu é tão agraciada como a alma devota de quem Deus se aproxima, para alimentá-la com Tua carne gloriosa? Ó, graça indescritível! Ó, maravilhosa condescendência! Ó, amor imensurável, excepcionalmente galardoado ao homem!

Que devo oferecer em retorno ao Senhor por esse amor, por essa graça infinita? Não há nada que eu possa

Livro 4: Convite à Santa Comunhão

entregar de mais agradável do que oferecer meu coração completamente ao meu Deus, unindo-o intimamente com o dele. Assim, todo meu eu interior se alegrará quando minha alma estiver perfeitamente unida a Deus. Então Ele me dirá: "Se você estiver comigo, eu estarei com você". E eu lhe responderei: "Digna-te, ó Senhor, de permanecer comigo. Eu estarei contigo de bom grado. O meu único desejo, é que meu coração esteja unido a ti".

De que maneiras seu coração está distante de Cristo?
Pense em duas ou três maneiras.
O que as Escrituras dizem acerca dos posicionamentos de seu coração?

Capítulo 14

O ARDENTE DESEJO DO HOMEM DEVOTO DE RECEBER O CORPO DE CRISTO

O discípulo

Quão grande é a abundância da Tua bondade, ó Senhor, a qual reservaste para aqueles que temem a ti.

Quando penso em como algumas pessoas devotas se achegam ao Teu sacramento com grande devoção e amor, normalmente fico envergonhado e desconcertado por me aproximar do Teu altar e da mesa da Santa Comunhão de modo tão frio e indiferente; por permanecer tão árido e destituído de profunda afeição; por não estar completamente incendiado em Tua presença, ó meu Deus, nem tão fortemente entregue ou atraído como muitos fiéis que, em seu grande desejo pela Santa Comunhão e intenso amor de coração, não puderam conter suas lágrimas, mas ansiavam do mais profundo do coração deles e corpo te abraçar, ó fonte de vida. Não puderam apaziguar nem acalmar a fome de nenhuma outra maneira que não fosse recebendo Teu corpo com toda a alegria e anseio espiritual. A fé desses homens era verdadeira e ardente — prova convincente de Tua sagrada presença. Aqueles cujos corações queimam tão ardentemente dentro deles quando Jesus vive com eles reconhecem verdadeiramente o Teu Senhorio no momento de partir o pão.

Tal afeição e devoção, tal amor e zelo estão normalmente distantes de mim. Sê misericordioso para comigo, ó doce, bom e amável Jesus, e concede a mim, Teu pobre servo, ao menos de vez em quando, sentir, na Santa Comunhão, um pouco da ternura de Teu amor, para que minha fé cresça vigorosamente, minha esperança em Tua bondade aumente, e que a compaixão, uma vez aperfeiçoada em mim ao provar do celestial maná, nunca cesse.

Tua misericórdia pode me conceder a graça que anseio e pode me visitar graciosamente com fervor de alma conforme Teu bom agrado. Pois ainda que eu não esteja agora incendiado com tão grande desejo como aqueles que são notavelmente devotos a ti, mesmo assim, pela Tua graça anelo essa mesma chama, clamando e buscando por um lugar entre todos os devotos que te amam. Que eu possa ser incluído entre aqueles que estão entre a Tua santa companhia.

Livro 4: Convite à Santa Comunhão

Peça a Deus que você anseie por "grande devoção e amor" por Ele hoje.

Arrependa-se por toda frieza de coração e indiferença para com Ele.

Capítulo 15

A GRAÇA DA DEVOÇÃO É ALCANÇADA PELA HUMILDADE E PELA NEGAÇÃO DE SI MESMO

A voz de Cristo

Você deve buscar a graça da devoção com grande disposição, clame por ela fervorosamente, aguarde-a com paciência e esperança, receba-a com gratidão, preserve-a humildemente, coopere com ela cuidadosamente e entregue a Deus, o tempo e a forma da manifestação divina, quando a receber.

Quando você sentir pouca ou nenhuma devoção interior, deve principalmente se humilhar, mas não fique infeliz ou triste em demasia. Em um breve momento Deus concederá o que por muito tempo Ele negou. Por vezes, Ele concede no final o que Ele negou desde o início da súplica. Se a graça fosse sempre concedida de uma vez, ou se estivesse presente a nosso bel-prazer, não seria bem recebida pela mísera humanidade. Assim, com boa esperança e humilde paciência, aguarde a graça da devoção.

Quando não for concedida, ou por alguma razão desconhecida for retirada, condene a si mesmo e a seus pecados. Por vezes é por um motivo pequeno que a graça se omite e esconde, se assim podemos chamar de pequeno aquilo que impede tão grande bem. Mas se você eliminar tal obstáculo, seja grande ou pequeno, e o vencer perfeitamente, poderá então receber o que pediu. Tão logo se entregar a Deus com todo o seu coração, e não buscar isso nem aquilo para o seu próprio prazer e propósito, mas dispor-se a si mesmo completamente a Ele, então, encontrará grande paz, unido a Ele, pois nada será tão doce, nada o satisfará tanto quanto o bom prazer de Seu querer.

Assim, qualquer um que, com simplicidade de coração, dirigir sua intenção a Deus e libertar-se de todo amor desgostoso e amor desordenado por qualquer criatura será digno de receber a graça e merecedor da dádiva da devoção. Pois quando o Senhor encontra o vaso vazio Ele derrama Sua bênção.

Assim também quanto mais perfeitamente um homem renunciar as coisas desse mundo e mais inteiramente morrer para si mesmo por meio do próprio desprezo, mais rapidamente essa grande graça virá a ele, mais plenamente ela adentrará e mais elevadamente erguerá o coração liberto.

Então, ele verá e será radiante de alegria; o seu coração estremecerá e se dilatará de júbilo, porque a mão do

Livro 4: Convite à Santa Comunhão

Senhor está sobre ele e nessa mão ele se colocou para sempre. Assim será abençoado o homem que busca a Deus de todo o coração e não entregou sua alma em vão. Tal pessoa, ao receber a Santa Eucaristia, torna-se participante da graça dessa divina união, porque não olha para seus próprios juízos, nem para seu próprio conforto, mas acima de tudo, olha para a devoção e a consolação para a glória e honra de Deus.

Pense em um homem ou mulher nas Escrituras que negou a si mesmo e se tornou obediente a Deus.
Qual era a postura dele ou dela em relação a Deus?
Como o exemplo dessa pessoa o encoraja hoje em sua própria tentativa de humilhar seu coração?

Capítulo 16

DEVEMOS APRESENTAR NOSSAS NECESSIDADES A CRISTO E SUPLICAR POR SUA GRAÇA

O discípulo

Ó dulcíssimo e amabilíssimo Senhor, a quem agora desejo receber com devoção, conhece a fraqueza e a necessidade que tenho, em que grandes males e vícios estou enredado, quantas vezes fico deprimido, sou tentado, manchado e perturbado.

A ti me achego em busca de socorro, a ti suplico por conforto e alívio. Falo àquele que conhece todas as coisas, a quem todo o íntimo da minha vida está exposto, e ao único que pode me confortar e ajudar perfeitamente.

Tu sabes quais as coisas boas que mais preciso e quão pobre sou em virtude. Eis que me coloco diante de ti, pobre e nu, clamando por Tua graça e implorando por Tua misericórdia.

Sustenta Teu pedinte que está faminto. Inflama a minha frieza com o fogo do Teu amor. Ilumina a minha cegueira com o brilho da Tua presença. Transforma todas as coisas mundanas em escárnio para mim, toda queixa e adversidade em paciência, tudo que é inferior e criado em desprezo e indiferença. Eleva meu coração a ti no Céu, e não permitas que eu vagueie pela Terra. Pois, desde agora e para toda a eternidade, que somente tu ó Senhor me satisfaças, que sejas meu alimento e bebida, meu amor e minha alegria, meu deleite e meu total prazer.

Que Tua presença me incendeie totalmente, me consuma e transforme para ti, para que eu possa me tornar um só espírito contigo pela graça da unidade e pelo poder transformador de Teu ardente amor.

Que eu não me afaste de ti faminto e sedento, mas proceda comigo e com Teus servos de acordo com Tua infinita misericórdia, como sempre o faz.

Que maravilha se eu fosse completamente incendiado por ti, para morrer para mim mesmo, pois tu és fogo incessante, és um fogo que jamais se apaga, és um amor que limpa o coração e ilumina o entendimento.

O que você sente que precisa hoje?
Deus prometeu conceder-lhe isso nas Escrituras?
Se for o caso, peça por isso. Do contrário, que outra coisa você pode pedir com um coração puro?

Capítulo 17

O AMOR ARDENTE
E O GRANDE DESEJO
DE RECEBER A CRISTO

O discípulo

Com grande devoção e ardente amor, com todo afeto e fervor do coração, desejo receber de ti, Senhor, como muitos santos e devotos te desejaram na Santa Comunhão, aqueles que mais te agradaram em santidade de vida e que foram mais fervorosos na devoção.

Ó meu Deus, amor eterno, meu bem maior, minha felicidade inesgotável, anseio receber a ti com um desejo tão forte e tão digno de uma reverência como qualquer um dos santos já sentiu ou poderia ter sentido. E, ainda que eu não seja digno de ter todos esses sentimentos de devoção, ainda assim te ofereço o completo afeto do meu coração como se eu fosse o único que tivesse todos esses desejos tão agradáveis e ardentes.

E, o que quer que a mente temente a Deus possa imaginar e desejar, eu ofereço a ti em sua totalidade com a maior reverência e afeto interior. Não desejo guardar nada para mim, mas sim oferecer livremente tudo a ti, a mim mesmo e tudo o que é meu, de boa vontade.

Ó Senhor Deus, meu Criador e meu Redentor, desejo receber a ti nesse dia com tamanha reverência, louvor e honra, com tamanha gratidão, dignidade e amor, com tamanha fé, esperança e pureza tal como Tua santíssima Mãe, a gloriosa virgem Maria, desejou e lhe foi concedido quando ela humilde e devotamente respondeu ao anjo que anunciava a ela o ministério da Tua encarnação: "Aqui está a serva do Senhor; que se cumpra em mim conforme a tua palavra" (Lucas 1:38).

Assim como abençoaste Teu amado precursor, o maior de todos os santos, João Batista, agraciado pela Tua presença, exultado no Espírito Santo enquanto ainda no ventre de sua mãe, e, depois de ter visto Jesus caminhando por entre os homens, humilhou-se a si mesmo e declarou com amor devoto: "O amigo do noivo que está presente e o ouve muito se regozija por causa da voz do noivo" (João 3:29), anelo ainda mais ser incendiado com desejos grandes e santos e me entregar a ti com todo o meu coração.

Então, ofereço e apresento a ti a alegria de todo coração devoto, as ardentes afeições, os devaneios eufóricos, as elucidações sobrenaturais bem como as visões celestiais juntamente a todas as virtudes e louvores que foram ou

Livro 4: Convite à Santa Comunhão

serão celebradas por todas as criaturas no Céu e na Terra, por mim mesmo e por todos aqueles contemplados por minhas súplicas, para que tu possas ser dignamente louvado e glorificado para sempre.

Recebe, ó Senhor meu Deus, minhas promessas e desejos de te oferecer infinito louvor e imensuravelmente te bendizer, que na imensidão de Tua inefável grandeza são propriamente devidas a ti. Isso te entrego e desejo entregar todos os dias e em cada fração de tempo, e em minhas singelas orações eu convido e suplico que todos os seres celestiais e todos os fiéis se unam a mim para render a ti louvor e ações de graças.

Que todas os povos, raças e línguas te louvem e com a maior alegria e a mais ardente devoção glorifiquem Teu doce e santo nome. E que todos os que com reverência e devoção celebram esse grande sacramento e o recebem na plenitude da fé, encontrem em ti bondade e misericórdia e intercedam humildemente por mim, pobre pecador. E quando tiverem recebido a tão desejada devoção e alegre unidade, e, plenamente consolados e maravilhosamente renovados, ao deixarem Tua mesa santa e divinal, que se dignem a lembrar de minha pobre alma.

Deus aceita todas as pessoas em Seu Reino eterno?
Que grupo de pessoas, povo, nação ou indivíduo parece improvável que Deus possa salvar e atrair para si mesmo hoje?

Tomás de Kempis

Interceda hoje pela salvação desse grupo de pessoas ou dessa pessoa.

Clame para que o seu coração reflita o imensurável amor do Pai.

Capítulo 18

NÃO CONSIDERE ESTE SACRAMENTO COM CURIOSIDADE, MAS IMITE HUMILDEMENTE A CRISTO, SUBMETENDO SUA RAZÃO À SANTA FÉ

O discípulo

Cuidado com a investigação curiosa e vaidosa de tão profundo sacramento, se não deseja ser afogado nas profundezas da dúvida. Aquele que minuciosamente perscruta sua majestade, será esmagado por sua glória.

Deus pode fazer mais do que o homem pode entender. Ele permitirá uma busca piedosa e humilde da verdade, uma busca que está sempre pronta para aprender e que procura caminhar na doutrina aceitável dos santos pais.

Bendita é a simplicidade que deixa o caminho inseguro da disputa e avança no caminho firme e reto dos mandamentos de Deus. Muitos perderam a devoção porque desejavam buscar coisas que estavam além de si próprios.

O que é exigido de você é a fé e uma vida sincera, não um intelecto altivo nem uma análise acerca dos mistérios de Deus. Se você não conhece nem compreende as coisas que estão abaixo, como pode compreender o que está acima de você? Submeta-se a Deus e sujeite a sua limitada razão à fé, assim, a luz da compreensão lhe será dada até onde for proveitoso e necessário para você. Alguns são seriamente tentados com relação à fé e ao sacramento, mas essa perturbação não lhes é imposta senão pelo inimigo.

Não se perturbe, não crie disputas em sua mente, não dê atenção aos questionamentos feitos pelo diabo, mas creia na Palavra de Deus, creia em Seus santos e profetas, e o inimigo fugirá de você. Às vezes é muito proveitoso para o servo de Deus sofrer tais coisas, pois Satanás não tenta os incrédulos e pecadores que ele já mantém cativos, mas de muitas formas ele tenta e incomoda o servo fiel.

Avance, então, com fé sincera e inabalável, e com humilde reverência se aproxime desse sacramento. Tudo aquilo que você não pode compreender, entregue irredutivelmente ao Deus Todo-poderoso, que não o engana. Porém, o homem que confia em si mesmo, é enganado. Deus caminha com homens sinceros, revela-se aos homens

Livro 4: Convite à Santa Comunhão

humildes, ilumina a compreensão da mente pura, e oculta Sua graça dos curiosos e dos orgulhosos.

A razão humana é fraca e pode ser iludida. Contudo, a verdadeira fé não pode ser enganada. Toda razão e ciência natural deve seguir a fé, não se antepor a ela, nem mesmo enfraquecê-la. De fato, a fé e o amor são evidenciados, agindo secretamente nesse santíssimo e superior sacramento.

Deus, que é eterno, incompreensível e infinitamente poderoso, faz coisas grandes e inescrutáveis no Céu e na Terra, e ninguém pode compreender a maravilha de Suas obras. Se todas as obras de Deus fossem de tal forma compreendidas facilmente pela razão humana, elas não seriam chamadas de maravilhosas ou além de tudo que as palavras podem expressar.

Pense em uma doutrina que você não entende completamente.

A sua falta de compreensão de tal doutrina muda o caráter de Deus?

O que Deus pode estar lhe pedindo acerca de sua postura com relação a essa doutrina ou com relação a Seu caráter sem sua total compreensão?

Tomás de Kempis

Oração

Pai, tu sempre me convidas para o que estás fazendo na Terra juntamente com Teus filhos, mas com muita frequência eu me abstenho pela vergonha ou pela culpa que me diz que devo ser punido. Graças te dou pelo exemplo do Teu Filho, que não apenas levou todo o meu pecado, vergonha e culpa, mas também pagou o preço total da minha dívida para sempre. Arrependo-me de não ter te entregado todo o meu coração e toda a minha vida, com medo de que não me aceitarias, e hoje peço que, ao participar da Santa Comunhão, eu me lembre da grandeza de todo o evangelho. Sei que não sou digno, mas torno-me digno por meio de Cristo, e nisso tenho total confiança para apresentar-me diante do trono da graça. Graças por me amares tão imensa e profundamente. Não posso deixar de te adorar por Teu grande amor. Sou grato por enviares Teu Filho como prova do Teu imenso amor. Assim, em Teu nome, eu oro. Amém.